JN066120

青山企業に学ぶ コミュニティ型 マーケティング

青山ビジネススクール教授
宮副謙司 編著

中央経済社

はじめに
―企業マーケティングの動向と新しいフレームワークの必要性―

マーケティングの基本フレームと企業の新しい動き

　マーケティングの捉え方としては，一般には，コトラーなど学者や全米マーケティング協会の定義から，次のように言われる。マーケティングとは，価値の作り手（企業など）と価値の受け手（市場）の関係であり，企業は市場で事業対象となる顧客を発見し，顧客について理解し，企業の内部資源を生かし外部資源を取り入れ，それらをうまく編集して，顧客にとって価値を持つ提供物を創造する。その創造した価値を顧客に的確に伝達・提供し，顧客のもとで価値を実現し顧客に満足を与える。マーケティングとは，このような一連の活動・プロセス・仕組みと捉えられる（コトラー，2008他）（**図表０－１**）。

図表０－１　マーケティングの捉え方

■顧客にとって価値を持つ提供物（顧客価値）を創造し，伝達・提供する活動・プロセス（仕組み）である。

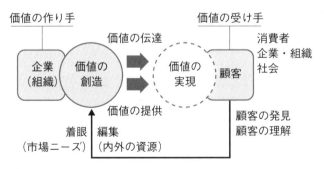

（出所）AMAの定義，コトラー（2008）『マーケティング・マネジメント基本編』などを参考に宮副謙司作成（2013）

そのようなマーケティングの捉え方を前提としたとき，企業のマーケティング戦略の具体的な視点は**図表０－２**になる（嶋口他，2004）。また同時に企業が事業をこれから考えるという場面に際して，戦略構想策定のよりどころになるのが，この基本的なフレームワークである。このフレームワークによってこれまで多くの企業の取組みが理解され，評価され，またさらに良い戦略方向を見出すことに活用されていることは言うまでもない。

**図表０－２　企業（組織）のマーケティング戦略の視点／
戦略策定の基本フレームワーク**

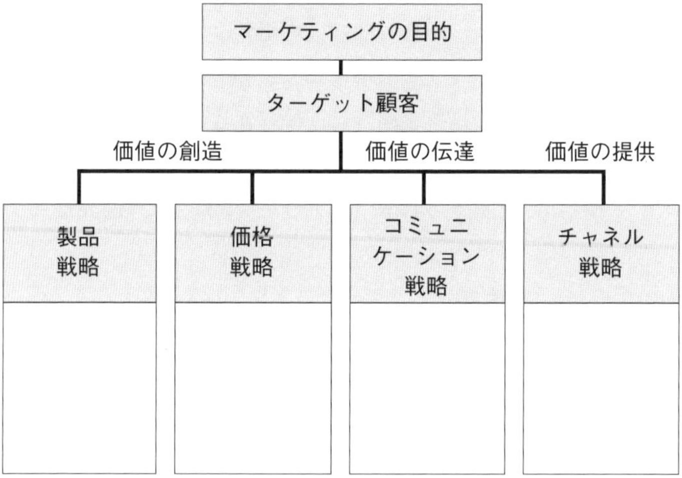

```
          ┌──────────────────────┐
          │   マーケティングの目的   │
          └──────────────────────┘
                     │
          ┌──────────────────────┐
          │     ターゲット顧客      │
          └──────────────────────┘
   価値の創造        価値の伝達        価値の提供
  ┌────────┬────────┬────────┬────────┐
  │ 製品    │ 価格    │ コミュニ │ チャネル │
  │ 戦略    │ 戦略    │ ケーション│ 戦略    │
  │        │        │ 戦略    │        │
  ├────────┼────────┼────────┼────────┤
  │        │        │        │        │
  │        │        │        │        │
  │        │        │        │        │
  └────────┴────────┴────────┴────────┘
```

(出所）嶋口・他（2004）『マーケティング戦略』有斐閣，などを参考に加筆修正

　近年では，多様化する消費者ニーズを受け，あるいは激化する企業間競争から，より新しくより特徴的な製品・サービスの開発，すなわち価値の創造が取り組まれている。加えて，インターネット通信やスマートフォンなど情報機器の高機能化から，価値の伝達・提供もますますデジタル化が進み，従来の基本的なフレームワークだけでは説明しづらいマーケティング活動事例も見られるようになってきたのも事実である。

価値創造の動向—製品戦略の基本から新しい様相をいかに説明するか

　近年の企業のマーケティング展開における新しい動きで，まず言えることは，製品開発など価値創造の新しい動きである。

　製品戦略での代表的なフレームワークとしては，コトラーらのいう「製品を階層で捉える概念」があげられる（コトラー，1983，他）（**図表０－３**）。製品を３階層で見るとき，①「製品のコア」は，製品の中核となる便益，顧客の本質的なニーズを満たす機能そのもの，②「製品の形態」とは，製品のコアを買い手に見えるようにするデザイン，パッケージ，ブランドネーミングである。一般に1980年代以降の消費財メーカーや小売業のマーケティング戦略を振り返れば，この製品の形態についての差別化にかなり力点が置かれてきたということができる。そして現在注目されるのが，③「製品の付随機能」である。

図表０－３　製品戦略理論－３層の「製品の概念」で捉える

■製品のコア（Core Product）
中核となるベネフィット（便益），顧客の
本質的なニーズを満たす機能そのもの

■製品の形態（Tangible Product）
製品のコアを買い手に見えるようにする
デザイン，パッケージ，ブランドネーミング

■製品の付随機能（Augmented Product）
使い方・楽しみ方の関連ソフト，アドバイス，
アフターサービスなど付加機能

正式な製品
（Formal Product）

（出所）コトラー（1983）『マーケティング原理』ダイヤモンド社，pp.305-307

　「製品の付随機能」とは，製品の使い方・楽しみ方の情報やサービスである。例えば，タニタ「タニタ食堂」（健康を維持する定食メニューを提供し，その利用を通じて体重や健康状態を日々計測したくなるように遠回りに製品を訴求），パナソニック「エオリアアプリ」（スマートフォンで遠隔操作し部屋の空気の状態を把握）などがあげられる。このように製品を３階層で捉えた時に，

企業が「製品の付随機能」領域で特徴を出し，差別化を図ろうとすることが，製品戦略の動向として第一にあげられることである。

そして，第二には，サービス一体型製品の製品開発があげられる。事例としては，ネスレ「ネスプレッソ」（コーヒーをカプセル化し，マシンでいれて本格的なコーヒーとして手軽に味わえるコーヒーとマシンが一体化となった製品），資生堂「オプチューン」（マシンとアプリを使用し利用者一人一人の肌環境に適したスキンケアのパーソナライズ対応するシステム型商品，家庭にマシンを設置し月間単位の利用で，月額1万円のサブスクリプション一定額制料金で提供する）などである。

第三は，顧客視点で価値を捉え，従来サービスを企業の創造する価値に取り込むことである。消費者がその製品を使う場面は，どのような場面か，その時にどのような価値（製品，情報，サービス）が提供されるといいのかを考える。例えば，トヨタなど自動車メーカーが試みている「MaaS」（Mobility as a Service）は，自動車の電動化，自動運転の製品開発を超えて，カーシェアリング（定額課金制度），新しい移動サービス，さらにそれらが実現する街づくりまで価値の創造に取り組んでいる。自動車メーカーは，まさに「車をつくる」会社から，「移動：モビリティに関わるサービスを提供する」会社へと変化しはじめている。MaaSによって車が動く販売拠点にもなるなら，メーカーであるトヨタがチャネルを提供するリテイラーになるということでもある。

第四には，顧客の個別ニーズに対応する「オーダー」（顧客のために，顧客仕様の製品を新たに生み出すこと）の高まりである。多様化する顧客ニーズに対し，企業は品目の多様化ではどこまでいっても対応できにくくなってきており，顧客志向の究極は，顧客ニーズに合わせた「オーダー」というものづくりとなる。買回品のファッションの場合，既製品の生産過剰，在庫過剰，廃棄ロスなどの課題解決の意味からも，オーダーでの製造・販売が求められ，大きな流れになっている。事例としては，オンワード「KASHIYAMA」（アパレル）・髙島屋「スタイルオーダー」（百貨店）・コナカ「DIFFERENCE」（専門店）・「FABRIC TOKYO」（新興企業）などで，紳士スーツはもとより，シャツ，

靴やベルトなど雑貨まで対応する。

価値伝達・提供の動向

　企業のマーケティング活動の新しい動きは，価値の伝達（広告コミュニケーション）・提供（チャネル・リテイリング）の面でも顕在化している。ウェブサイトやSNSなどの充実，アプリ導入などカスタマー・リレーションの進化などが背景にある。

　具体的な動きとして，第一に，製品宣伝より顧客コミュニティの形成を優先する取組みである。企業は，製品宣伝より生活テーマ・分野でライフスタイル別に情報を編集し，顧客コミュニティを形成する。例えば，P&G「マイレピ」（複数のセグメント，生活テーマに分かれてウェブサイトが構築され，雑誌のように生活情報・製品情報などが編集され配信される）や，キリンビール「サードキッチンプロジェクト」（レストラン・料飲店シェフ（都市）と食材生産者（地方），消費者（都市）をつなぐコミュニティを形成し体験的な交流を図る）などである。企業が営業アプローチをする際に，いきなりターゲット顧客への営業アプローチを急がず，企業の提供する価値を認める（共感する）顧客，すなわち購入の予備群の顧客を「コミュニティ」として確保することを第一とする。その上で，情報交流を継続し，機会を得て購買に繋げるという「緩い関係」とする。企業は，識別されたコミュニティ顧客と関係を常時接続できていれば，顧客を購入段階へ進めることは容易になるという考え方である。

　第二に，インターネット活用での価値の伝達と提供の融合である。1つの媒体が，宣伝コミュニケーションチャネルであり販売チャネル（そして，その一般化）でもあることで変化が加速した。例えば，資生堂「ワタシプラス」（商品・美容情報発信と販売チャネルとして機能）などである。

　第三に，作り手・売り手と顧客（買い手・使い手）が，ネットを通じてデジタルで，あるいは店舗で対面しリアルにつながって，価値について交流し，共感しあって満足を高める動きである。例えば，前述のキリンビール「サードキッチンプロジェクト」やオーガニックライフスタイル小売業ナチュラルハウ

スの「産地見学ツアー」（地方の有機野菜生産者と都市のオーガニック志向の消費者の交流）などがあげられる。

求められる新たなマーケティングフレーム

このような企業のマーケティングの新しい動きを，どのように捉えたらよいのだろうか。従来のマーケティングの基本フレームワークに基づきまとめると，図表０−４に示される。

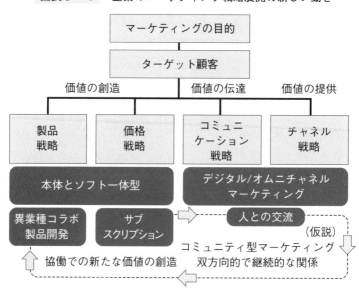

図表０−４　企業のマーケティング戦略展開の新しい動き

（出所）宮副謙司作成（2019）

従来，付随機能であったソフトをモノと連動させた製品（IOT等を含む）が多く見られるようになったのは，消費者が使用する際，日常的に求められる機能がモノに組み込まれ製品となっていると捉えることができる。

価値の伝達・提供では，ネットやSNSなどデジタルな手段を通じて企業と消費者が結びつき，消費者の意向に応じてネットでもリアル店舗でも外商営業担

当者からでも購入可能なオムニチャネル化が進展している。また生産者と消費者の人の交流も重視する動きもみられる。

　価値に共感する消費者をコミュニティ化し，その中で価値の伝達や提供が進展するように図られている。具体的には，①日常的・継続的な利用，②価格はサブスクリプション型が適する場合が多くなる，③コミュニティ内で企業への関心・ロイヤルティが高まっていくという流れである。

　さらに新たな価値の創造に向け，顧客や他企業と協働する動きである。これまでにない価値を生み出すイノベーションのためには，自社だけのリソースに限らず他社ともコラボレーションして新たな発想のもとに実現していく力が試されるということである。

　このように，既存のマーケティング基本フレーム（図表0−2）では説明しづらい企業動向が顕在化してきた。そこで，マーケティングの定義（図表0−1）は変わらないが，その戦略展開には新たなマーケティングのフレームワークが必要となってきているのである。

今後の本書の論の進め方

　本書では，前述のような企業のマーケティングがおかれている現在の問題意識を踏まえ，新しいマーケティングのフレームワークを構想する（序章）。そしてマーケティング戦略展開で先進的な展開・取組みを多く見られる東京：青山に立地する企業群（「青山企業」と呼ぶ）を事例に，事実を把握し（1〜10章），新しいマーケティングのフレームワークの概念の一層の精緻化を進めていきたいと考える。

●参考文献
コトラー（1983）『マーケティング原理』ダイヤモンド社。
コトラー（2008）『マーケティング・マネジメント基本編』ピアソンエデュケーション。
嶋口充輝・他（2004）『マーケティング戦略』有斐閣。
宮副謙司編（2015）『ケースに学ぶ青山企業のマーケティング戦略』中央経済社。

CONTENTS

はじめに
　―企業マーケティングの動向と新しいフレームワークの必要性

序章　コミュニティ型マーケティングとは　1

1　新しいマーケティングの捉え方／1

2　コミュニティ型マーケティングという考え方／3

3　コミュニティ型マーケティングの論点（今後へ向けた検討点）／11

4　これまでのマーケティング論との比較／16

5　青山企業の事例研究を通じてのコミュニティ型マーケティング概念の確実化―次章以降へのつなぎ／21

第1章　コム デ ギャルソン (COMME des GARÇONS)　27

1　はじめに／28

2　コム デ ギャルソンの概要／29

3　コム デ ギャルソンのマーケティング戦略／31

4　コム デ ギャルソンのコミュニティのつくり方・活かし方／35

5　戦略展開の評価／39

6　実現要因の考察／40

7 今後の戦略展開の可能性／41

8 コム デ ギャルソンのコミュニティ型マーケティングからの
学び／42

第2章　ヨックモック　47

1 はじめに／48

2 ヨックモックの概要／49

3 ヨックモックのマーケティング戦略／53

4 ヨックモックのコミュニティのつくり方・活かし方／59

5 戦略展開の評価／62

6 実現要因の考察／63

7 今後の戦略展開の可能性／64

8 ヨックモックのコミュニティ型マーケティングからの学び
／65

第3章　ナチュラルハウス　69

1 はじめに／70

2 ナチュラルハウスの概要／74

3 ナチュラルハウスのマーケティング戦略／75

4 ナチュラルハウスのコミュニティのつくり方・活かし方／82

5 戦略の評価／83

6 実現要因の考察／84

7　今後の戦略展開の可能性／85

8　ナチュラルハウスのコミュニティ型マーケティングからの
学び／86

第4章　アクタス　89

1　はじめに／90

2　アクタスの概要／91

3　アクタスのマーケティング戦略／96

4　アクタスのコミュニティのつくり方・活かし方／101

5　戦略展開の評価／103

6　実現要因の考察／104

7　今後の戦略展開の可能性／106

8　アクタスのコミュニティ型マーケティングからの学び／107

第5章　ニュートラルワークス（ゴールドウイン）　111

1　はじめに／112

2　NEUTRALWORKS.（ニュートラルワークス）とゴールド
ウインの概要／113

3　NEUTRALWORKS.のマーケティング戦略／119

4　NEUTRALWORKS.のコミュニティのつくり方・活かし方
／124

5 戦略展開の評価／126

6 実現要因の考察／127

7 今後の戦略展開の可能性／129

8 NEUTRALWORKS.のコミュニティ型マーケティングからの学び／131

第6章　東京ヤクルトスワローズ　135

1 はじめに／136

2 東京ヤクルトスワローズの概要／137

3 スワローズのマーケティング戦略／142

4 スワローズのコミュニティのつくり方・活かし方／147

5 戦略展開の評価／150

6 実現要因の考察／151

7 今後の戦略展開の可能性／153

8 スワローズのコミュニティ型マーケティングからの学び／155

第7章　エイベックス　157

1 はじめに／158

2 エイベックスの概要／158

3 エイベックスのマーケティング戦略／160

4 エイベックスのコミュニティのつくり方・活かし方／162

5 戦略展開の評価／164

6 実現要因の考察／169

7 今後の戦略展開の可能性／170

8 エイベックスのコミュニティ型マーケティングからの学び
／172

第8章　ほぼ日　　　　　177

1 はじめに／178

2 ほぼ日の概要／179

3 ほぼ日のマーケティング戦略／181

4 ほぼ日のコミュニティのつくり方・活かし方／186

5 戦略展開の評価／189

6 実現要因の考察／191

7 今後の戦略展開の可能性／193

8 ほぼ日のコミュニティ型マーケティングからの学び／194

第9章　きらぼし銀行　　　　　199

1 はじめに／200

2 きらぼし銀行の概要／201

3 きらぼし銀行のマーケティング戦略／203

4 きらぼし銀行のコミュニティのつくり方・活かし方／208

5 戦略展開の評価／212

6　実現要因の考察／213

7　きらぼし銀行の今後の可能性／213

8　きらぼし銀行のコミュニティ型マーケティングからの学び／215

第10章　マッキャンエリクソン　219

1　はじめに／220

2　マッキャンエリクソンの概要／221

3　マッキャンエリクソンのマーケティング戦略の概要／225

4　マッキャンエリクソンのコミュニティのつくり方・活かし方／228

5　戦略展開の評価／232

6　実現要因の考察／233

7　今後の戦略展開の可能性／235

8　マッキャンエリクソンのコミュニティ型マーケティングからの学び／236

結章　青山企業に学ぶコミュニティ型マーケティングの総括　239

1　コミュニティ型マーケティングという考え方／239

2　青山企業各社のコミュニティ型マーケティングを総括して／243

3 コミュニティ型マーケティングに関する新たな発見／257

4 コミュニティ型マーケティングの発展／260

あとがき・265

序章

コミュニティ型マーケティングとは

▶ 1 新しいマーケティングの捉え方

　新しいマーケティングの戦略展開としては，まずマーケティングは，企業（組織）と顧客の新しい関係であり，①顧客の使用場面を想定した顧客視点での価値創造，②顧客コミュニティを形成し，企業と顧客が常時接続できる関係のもとでの価値伝達・提供，③（異業種間の）複数企業の協働での新しい価値創造ということではないだろうか。こうした新しいマーケティングのあり方を，本章では，「コミュニティ型マーケティング」と仮に設定して，その仮説について深く考察していきたいと考える。

1-1　新しい価値創造と顧客の捉え方

　企業（組織）が創る価値は顧客の使用場面を想定した顧客視点での価値と捉えたらどうだろう。すなわち，価値の創造は，従来の狭い製品の概念（Product）から，付随機能まで概念を広げ，使うシーン（コト）などを「サービス」（Service）として捉えて設計する（サービスデザイン）という考えである（**図表序－1**）。

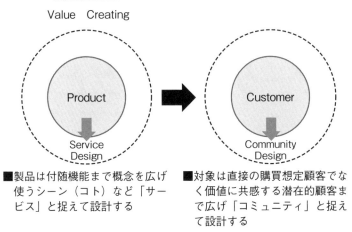

図表序－1　新しい価値の創造と顧客の捉え方

Value　Creating

Product

Service
Design

Customer

Community
Design

■製品は付随機能まで概念を広げ
　使うシーン（コト）など「サー
　ビス」と捉えて設計する

■対象は直接の購買想定顧客でな
　く価値に共感する潜在的顧客ま
　で広げ「コミュニティ」と捉え
　て設計する

（出所）宮副謙司（2019）

　価値の受け手は，直接の購買想定顧客をターゲットとせず，企業や製品の価値に共感する潜在的顧客まで広げ，「コミュニティ」として捉える。すなわち，価値の受け手は，顧客（Customer）という以前にコミュニティ（Community）ということになる。

1-2　新しい価値伝達・提供の捉え方

　企業と消費者（顧客）との関係は新しい概念になる。購買以降に関係を深めるのではなく，営業初期から関係できるコミュニティを構築する。常時，情報交流できる関係を前提に，購入機会を得ていくアプローチである。そのために消費者が共感する的確な情報のコンテンツを用意し，的確なタイミングに，的確な手法で（リアルか，ネットか）発信し，消費者の認知・関心・欲求を高めていくことになる。このような新しいマーケティング・フレームワークとして構想するのが，「コミュニティ型マーケティング」の考え方である。

▶ 2 │ コミュニティ型マーケティングという考え方

コミュニティ型マーケティングは，①企業から顧客への働きかけ（BCの関係），②顧客間の顧客相互の関係（CCの関係），③企業間の企業相互の関係（BBの関係）という3つのコミュニティ関係が成り立ち，それぞれに展開されながら，3つがつながって一連のマーケティング活動になると見立てられる（図表序－2）。

図表序－2　新しいマーケティングの捉え方としての「コミュニティ型マーケティング」－3つのコミュニティの関係

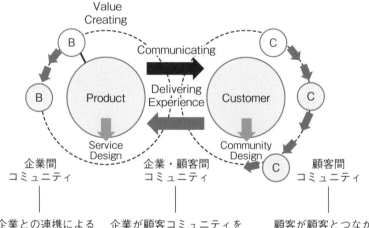

（出所）青山学院大学　宮副研究室―宮副・竹雄・水野作成（2019）

2-1　企業から顧客への働きかけ（BCの関係）

⑴　BC-1：企業が主宰して顧客コミュニティを形成

購入見込み客に向けてのアプローチでなく，企業が創造する価値に関心を持ち共感するファンの組織化，コミュニティづくりを図ることを第一に考える。

例えば，サッポロビール「百人ビール・ラボ」では，ユーザーをネットで囲い込み，顧客による商品企画や顧客による営業情報の拡散を行っている。ファンの中でも上位100人を「百人ビール・マイスター」に認定し，毎週金曜日にSNSでディスカッションする。この取組みは，最高の状態で味わっていただけるまで責任を持つのが，ビール会社の使命と考え，「ビールを飲み干すまで」をテーマに設定した。飲み手だけでなく注ぎ手であるビールを提供する飲食店を加え「外食部」を企画しイベントを開催している。

(2)　BC-2：共感度と情報発信度の高い顧客を活用

　企業から顧客へのコミュニケーションでは，既に「アンバサダー」「インフルエンサー」「バーチャルユーチューバー」などの活用は多くにみられる。アンバサダーは，宣伝・推奨目的で任命される著名人である。インフルエンサーは，タレントや著名人に限らないが，フォロワーが多く発信力・共感力が高い人で，インターネット上で他のユーザーの購買行動に大きな影響を持っている人を指す。ファン・フォロワー数によって格づけされる。新商品・ブランドに関心が高いが，スイッチする可能性もある。

　また，バーチャルユーチューバーは，架空のキャラクターを設定し，動画などで情報発信する。例えば，サントリー「燦鳥ノム」や日清食品「キズナアイ」などがあげられる。

2-2　顧客から顧客へ（CCの関係）―コミュニティ内における顧客の相互交流関係

(1)　CC-1：顧客相互の交流関係

　コミュニティにおいて，そのテーマやスタイルについて先行する顧客（熟達者）が，入門顧客者（初心者）を「育成」する動きが見られる。スポーツや音楽など趣味領域では以前から存在していたが，近年では生活寄りのライフスタイル領域でもみることができる。

　例えば，ナチュラルハウスでは，オーガニックな食材，自然派の化粧品など

を品揃えし，オーガニックな食生活，自然志向の生活スタイルを提案するが，店内で販売員や専門家が丁寧にオーガニックについて解説・情報発信し，その提案に顧客が共鳴・共感し，ファンになった顧客が継続的に来店して購入する。小売業（とその販売員）と顧客が「コミュニティ」を形成し，その交流を通じて，さらに新しい価値を見つけ，創造し楽しむようになってきている。さらにコミュニティ・イベントへの顧客の参加を通じて，顧客相互の交流も深まり，ライフスタイルの熟達者が入門顧客にそのライフスタイルをアドバイスするような「育成」が行われる事例も数多く見られる（水野，2015）。

(2)　CC-2：顧客間交流からの自然発生的な話題の盛り上がり

　コミュニティにおいて，一部の顧客が発見した製品の良さ，企業が意図しない製品の使い方・楽しみ方が顧客間で共感され，話題が盛り上がることがある。それが，新しい製品の魅力や価値になっていく創発的な動きもある。

　事例としては，花王「ニベア」では企業が意図しない形で「デコ缶」「銀缶」が口コミで人気となった。またロッテ「クーリッシュ」は，子供が手を汚さず食べられるアイスという価値を母親が見つけ，コミュニティ内でコメントしたことがきっかけで，それを読んだ別の顧客が共感し，コミュニティ内部で広まり，クーリッシュの新たな価値となった。

2-3　顧客から企業へ（BCの関係─つづき）

(1)　BC-3：顧客を価値創造へ取り込む

　企業が顧客から製品開発の提案をうける，いわば「ユーザーによるイノベーション」といったマーケティングの取組みは以前から見られた。しかし，コミュニティ型マーケティングで着目するのは，CC-2のような顧客間のコミュニティの中でのつぶやき会話や情報の共有化，それへの顧客の共感反応から新たな価値を発見し，次なる価値の創造につなげていく活動である。企業はいかにコミュニティ（顧客）の動きを発見し，企業活動に取り込むかが重要となる。事例としては，ロッテ「クーリッシュ」では前述のように企業が意図しない形

で，顧客間で生まれた新たな価値を，企業も公式に評価し新たな製品価値として訴求し，顧客の支持を高めた事例となった。

2-4　企業と企業の協働（BBの関係）─他社との連携による革新的な価値創造へ

　企業が他の企業と連携し（企業間コミュニティを形成し），新たな価値創造（製品開発など）や価値の伝達・提供を行う取組みである。

⑴　BB-1：他の企業との連携を生み出し，新たな製品開発や価値の伝達・提供を協働する

　既存の企業内だけの発想や技術リソースでは生まれない革新的な新製品の開発になる。

　最近の事例としては，花王とパナソニックとの共同での化粧品の新製品「EST：バイオミメシスヴェール」がある（2019年12月発売）。花王の最先端技術「ファインファイバーテクノロジー」を応用，極細繊維を肌に吐出し，肌上に積層型極薄膜をつくり，美容液で湿潤する新たなスキンケア化粧品・器具を開発した（美容液12千円，機器50千円，化粧液8千円）。この新製品は，顧客の個別ニーズに対応できるものであり，「ネスプレッソ」のようなマシン一体型製品で興味深い。

　また，キリンビール「冷たさ2時間魔法のジョッキ」もこれに近いものがある。飲食店で生ビールを提供する際，冷たさを維持できる金属製ジョッキが開発され，キリンビール取引先料飲店で展開されている。今後，さらに飲食業界向けオートメーションソリューションを専門とする企業とのドリンクディスペンサーの共同開発も可能性がある。

⑵　BB-2：他企業との連携を強め，維持・継続する（業務提携やジョイントベンチャー起業）

　企業との連携は，製品開発イノベーションに限らず，企業双方が持つ経営資

源（リソース）の共有化によって大きなマーケティングの拡大をもたらす。例えば，企業連携によって，連携先の広告コミュニケーションや販売チャネルの顧客を，自社の顧客とすることができれば，組織的に，安定的に大きなマーケティングの機会を獲得することになる。

　これに当てはまる動きとしては，トヨタとソフトバンクなど「MONET」（モネ）（サービス事業者が連携してMaaSの実現に取り組む）がある。地方でも，中小の地方食品企業の連合体「奥茨城よろず堂」（茨城県）が，企業連携による製品開発の機会の拡大，販路チャネルの相互活用，地域に散らばるメンバー企業の拠点（酒蔵・ブリュワリー・飲食店など）を巡るツアーの開発などリソースの有効活用によるコミュニケーションやチャネル増幅に取り組む動きなどが注目される。

2-5　コミュニティ型マーケティングの全体像

　コミュニティ型マーケティングの全体像は，**図表序－3**に示される（宮副，

図表序－3　新しいマーケティングの捉え方としての「コミュニティ型マーケティング」の考え方とその全体像

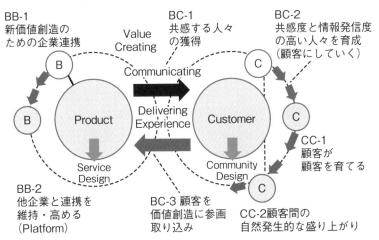

（出所）青山学院大学　宮副研究室─宮副・竹雄・水野作成（2019）

2019)。

このフレームワークによって，最近の企業のマーケティング活動の多くを説明できる。また，さらに新しい価値創造・伝達・提供についても発想でき，市場対応の可能性を広げていけるのではないだろうか。

2-6 コミュニティ型マーケティングの10のポイント

企業のマーケティング活動が，コミュニティ型マーケティングかどうかという判断のための原則的なチェックポイントは，以下のように考えられる。

(1) 企業が創造し提供する価値は何か？

従来の捉え方では「製品」であるが，対象顧客の生活を豊かにする，課題を解決するような「コト」（ある状態，あるいはサービス）と捉える。そのために製品・サービス・情報が存在するという考え方をとる。

(2) マーケティング対象顧客はどのような層？

価値の受け手を購入以前の顧客，すなわち企業が創造する価値を認識し，共感する顧客層と捉える。

(3) 企業から顧客コミュニティへの働き掛け

①消費者に共感を呼ぶような仕掛けをし，共感する消費者と関係づくりを行い，コミュニティを形成する，②コミュニティ内で今後購入客となる潜在的な顧客群と常時接続している関係であることを前提に，顧客を育成・維持するしくみを持つ，③潜在的顧客の商機をうまく捉え購入実績顧客にする，④実績顧客の反応を踏まえリピートを促し，コミュニティの中でベテラン顧客（その領域に熟達し購入実績も高い顧客）に育成する。さらに⑤ベテラン顧客を維持する施策を展開する（BからCへの展開，CからCへの展開）。

(4) 顧客コミュニティの顧客間に交流が活発にあり，先行する熟達顧客が新しくコミュニティへ加わった顧客にそのコミュニティに関わる情報を提供し，顧客が顧客を育てる関係がみられる。（CからCへの展開）

⑸　顧客の提案・参画を企業活動に活かす取り組みがある。（BからCへの展開）

⑹　価値創造のために他社とのコラボが行われている。（BからBへの展開）

⑺　コミュニティを意識したマーケティング活動の代表的な（象徴的な）事例がある。そして継続的に実施されている。

⑻　そのマーケティング活動が仕組み（組織・制度・人材）によって実現されている。

⑼　そのマーケティング活動の実現要因

経営トップのリーダーシップ，企業の経営資源・ノウハウ，社員の専門知識・スキルなどの要因が明らかである。

⑽　取り組みをどのように社内では評価・認識しているか？

仕組みの共有化がなされていて，コミュニティ型マーケティングの安定的な運営と定着が見られる。

このような観点で，企業マーケティングの展開を確認し評価してみると，その企業のコミュニティ型マーケティングの取組み度や進捗度を測ることができる。

2-7　コミュニティ型マーケティングにおける顧客との関係

コミュニティ型マーケティングでは，企業が顧客に向けてウェブサイトやSNSなどで場を設け仕掛けるコミュニティ（BCのコミュニティ）と，コミュニティメンバーとなった顧客が，企業が形成したSNSやリアルの場を通じて，顧客同士で交流する顧客コミュニティ（CCのコミュニティ）が生まれ，それら2つが併存することになる。

前者では企業から顧客（コミュニティメンバー）に向けて，顧客のコミュニティへの関わり度（段階）に合わせ関係形成のマーケティング，関係育成の

マーケティング，関係維持のマーケティングといった３つのマーケティング・アプローチが考えられる（**図表序－４**）。

図表序－４ 「コミュニティ型マーケティング」における顧客との関係－獲得・育成・維持のアプローチ

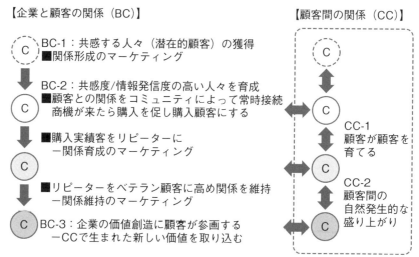

（出所）宮副謙司（2021）

(1) 関係形成のマーケティング

　共感する人々を獲得（BC-1）：気づき・関心を持ってもらうことが重要で，製品（特性・機能），産地，製法，作り手（専門家），楽しみ方（シーン・人物など）のストーリーなどを発信する。この段階は，「気づかせる」「関心を持たせる」から始まり「広める」マーケティングということができる。

(2) 関係育成のマーケティング

　共感度と情報発信度の高い人々を育成（BC-2）：啓蒙型・体験型イベントのシリーズ化や，アプリなどで継続的な接点を維持する。この段階は，「ファン度」「コミュニティ参画度（エンゲージメント）」を高める，いわば「深め

る」マーケティングと言える。

(3)　関係維持のマーケティング

コミュニティへの参画度を高く維持するよう関係を習慣化するとともに，他の人にも価値を伝達し，コミュニティへの貢献を意識し，その達成感を評価できるようにする。この関係維持によって，顧客間関係（CC）コミュニティが生まれ，顧客が顧客を育てる（CC-1）環境をつくり，顧客間の自然発生的な盛り上がり（CC-2）が得られるならば，そこで新たな製品価値の新たな創造の可能性がある。企業はそれに的確に着眼し，新たな価値として仕立てる活動が重要となる。

▶ 3　コミュニティ型マーケティングの論点（今後へ向けた検討点）[1]

コミュニティ型マーケティングの着想は前述のとおりであるが，ここでは，その概念の理解を固めるためにいくつかの論点を整理する。これにより，コミュニティ型マーケティングの考え方の立ち位置が明確になり，その特徴の理解が促進されると思うからである。

3-1　コミュニティとは

コミュニティとは，どのように捉えたらよいだろうか。一般的には，地域コミュニティ（地縁），スポーツや趣味のコミュニティ，アーティスト・タレントのファンコミュニティなどが存在し，さらに特定の製品を消費することを好む消費者の集団を「消費コミュニティ」（Boorstin, 1973）と呼び，その中に「ブランド・コミュニティ」（Muniz & O'Guinn, 2001など）が含まれると言わ

---

1)　この項は，青山ビジネススクール（ABS）宮副研究室の演習にて受講生及び修了生メンバーがディスカッションした内容をベースに記述する。

れている。

　企業のマーケティング活動において，コミュニティとは，「企業やその製品・サービス（ブランド）に関して一定の価値観や考え方を共通認識する，あるいは共感する消費者や企業組織の集合体」であり，「常に継続的に互いにつながっていて交流ができる関係にあること」ということになるのではないだろうか[2]。

　コトラー（2017）は，インターネットやソーシャルメディアが普及したことによる顧客の接続性の高まりを踏まえ，「縦と横の関係であった企業と顧客のつながりは，横と横の関係にシフトしつつある。かつての顧客は，企業のプロモーションや働きかけから影響を受けやすかった。接続性が高まった現代では，それ以上に顧客間で形成されてきたような，横の信頼関係が重視される。そのため，企業は顧客，そしてパートナーとなる企業やクリエイターとも横と横の対等な信頼関係を築く必要がある。企業の競争力は，もはや規模や技術の優位性ではない。顧客コミュニティ，パートナーとのコミュニティから，いかに価値を共創できるかになっている。」と，コミュニティの現在のあり方とその重要性を述べている。

3-2　コミュニティの形態

　フォルニエら（2010）は，コミュニティに関して，プール型（Pools）・ウェブ型（Webs）・ハブ型（Hubs）という3つの形態を提示している（**図表序－5**）。

---

2)　本章では，企業が一般的に営業活動において行う顧客に対してのCRM（カスタマーリレーションシップマネジメント）によって形成される組織化された顧客の集団と，製品・サービスなど価値を創造（開発・生産・制作）するための取引先・関係先などの創り手の関係者の集団を「コミュニティ」と捉えている。その中でライフスタイルなどでの顧客コミュニティに関して言えば，その中に長年所属してそのライフスタイルに習熟した顧客を「ベテラン顧客」，所属期間が短い初心者の顧客を「入門顧客」といった段階で顧客を分けられるのではないかと考える。またコミュニティメンバー間の結びつきの強さ・弱さの程度は現時点では特に問わず，今後の業種別・企業別のコミュニティ事例研究を通じて，それらを検討していくこととする。

図表序－5　コミュニティへの3つの帰属形態

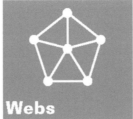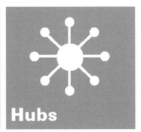

(出所) スーザン・フォルニエら (2010)

　プール型は，共通の活動や目標，価値観によって結びついている状態であり
メンバー間の交流は緩やかである。ウェブ型は，自分と同じニーズ，あるいは
それを補完するニーズの持ち主と一対一の強固な関係を築いている状態である。
ハブ型は，コミュニティの中心的な人物と強く結びついているもののメンバー
間の交流は少ない状態である。

　プール型はコミュニティにもたらすメリットは限られている。その理由は，
人々は抽象的な信念を共有しているものの，人間関係が築かれることは稀であ
るという。そのため，ハブ型における結びつきを，ウェブ型を通じて結合させ
ることが安定したコミュニティの実現につながるとされている。

　これらを踏まえれば，本書でいうコミュニティ型マーケティングは，企業を
コミュニティの中心におきながら，メンバーとの関係もある（企業が意図しな
い価値の発見やそのシェアも行われるような）ウェブ型とハブ型を足した集合
の結びつきで形成されたものと位置づけることができる。

　また，コミュニティ形成の始まりのタイプ，発展後のタイプで差異があるの
か，あるいは，テーマや業種特性などで差異があるのかなどが，今後の議論点
であると認識する。

　その他の文献レビューとしては，佐藤 (2018) は，このようなコミュニティ
を構成するメンバーとなるであろう支持者，すなわち「ファン」への3つのア
プローチを述べている。（この場合のコミュニティの立ち位置は文字通り「ファ
ンコミュニティ」であり，そのビジネス領域への適用で定義が議論されている

ということになるのだろうか）。そこでは，第一に，「共感」を強くすることである。企業が大切にする価値への共感はコミュニティへの関心を引きつけてその輪へ加わることを促す（自社の大切としている価値を明確にし，前面に押し出すことが重要となる）。第二に，「愛着」を強くすることである。コミュニティへ参加したメンバーの声を企業が提供する価値に反映させたり，ともに価値をつくりだすことなどにより実現される。第三は，「信頼」を強くすることである。価値を長期的にぶれずに積み重ねていくことで，コミュニティの外へも発信が行われていくのである。こうしてコミュニティは自走するようになり，拡大していくと主張している。

3-3　共感とは

　共感については，英語で言う「シンパシー（Sympathy）」と「エンパシー（Empathy）」のどちらで捉えるかという論点がある。シンパシーとは，他者の感情に対し共感する感情の同一性を示すこと，エンパシーとは，他者と喜怒哀楽の感情を共有すること，もしくはその感情のことと言われる（いずれもWikipediaの引用）。よりわかりやすく端的に言うならば，シンパシーは「同情」で仲間意識を持つレベルで，エンパシーは，さらに「感情移入」する一歩踏み込んだ人間関係に必要な能力でもある，ということになろうか。

　学術的には，共感について，Davis; 1983; Batson,2009；Decety & Svetlova, 2012; Zaki & Ochsner, 2012; Goleman, 2013などの先行研究があるが，共感をエンパシーとして捉える立場が多い。共感は，他者の感情や心的状態の理解を助け，それに応じた行動を促すため，社会的生活に重要な概念の1つである。共感とは，他者との感情の共有や他者への同情の喚起のような感情的側面（emotional empathy），及び他者の信念の推論のような認知的側面（cognitive empathy）から構成される複合的な構成概念であるとされる。

　本章では，共感とは，相手の考えを前から自分も思っていたというように感じ，相手の考え方に違和感なく感じる瞬間であり，この感覚が継続していることが「共感している」という状態であると捉えておくこととする。そして，強

い共感は同じ価値を探求したいという思いとなり，その活動の中で見出される発見や意見は，他にも伝えたくなって発信や会話が行われる場となる「コミュニティ」が形成されることになると考える。

　さらに，発信者のコンテンツに同感し，発信者に同感をフィードバックすることや，そのコンテンツを他者へ同じ内容で発信する，他者へ発信者と違う表現をするといった行動が考えられる。そこでは同意・同感に留まらず，自分なりの解釈が加わる場合もあり，元の発信者の意図しない「新しい価値」が生み出されることもあるだろう。そうした意味で，メンバーの交流から，共感をベースにコミュニティが自走する可能性も指摘しておきたい。

3-4　企業が顧客に共感を与える活動とは

　企業が顧客に共感を与える活動とは，どのような「コンテンツ」を，どのような「伝達手法」（リアルの場で，あるいは，オンラインの場でも）で，どのようなタイミングで行うのかが議論点となる。その取組み事例でよく取り上げられるのが，自分事に思わせるような「体験」である。

　例えば，電通（2017）「感情トリガーマップ」（消費者が情報をシェアしたくなる動機を分類）や，博報堂（2009）「エンゲージメント・リンク」（消費者像を大衆でなく「網衆」（ネットワーク衆）と位置づけ，情報を届けるから受け取ってもらうへの転換を提唱）などである。また，タレントが地方を訪問するテレビ番組で，アクシデントからの出会いや出来事について，自分の代替としてタレントが体験するシーンを見て共感するケースも日常的に多くみられる。そのような疑似体験での共感も含め，体験の研究は今後の課題と認識する。その上で，企業から消費者へのマーケティング・アプローチを考えていく必要があるだろう（しかも，関係形成，育成及び維持のレベルなどに分けて企画・運営していくことも重要と認識する）。

これまでのマーケティング論との比較

コミュニティ型マーケティングの考え方は，既存の類似のマーケティング論と同じ立場の論の部分もあるだろう。または違う部分はどこかなどを確認しておきたい。以下のような文献レビューにより，コミュニティ型マーケティングの立ち位置や特徴が明らかになる。

4-1 サービス・ドミナント・ロジック

サービス・ドミナント・ロジックとは，「全ての価値はサービスの交換」「モノはサービスという価値を伝えるための一つのツール」として見立てるマーケティングの概念である（Vargo & Lusch, 2004）。岩嵜（2018）によると，①インサイトからエンパシーへ—従来のような人がそのポイントを突かれるとはっとして行動したくなる「本質的な洞察」より感情移入のある「エンパシー（共感）」の重視，②認知から購入へといった購入モーメントのデザインからライフタイム体験のデザインへ—購入した時からお客様との関係性が始まる，その関係性をどう継続的なものにしていくかという「ライフタイム体験」のデザインの重視，③プロダクトは必要な期間が経てば完成し，市場で売られるが，その後そのプロダクトは基本的に形を変えることはない。ところが，サービスはローンチしてからも常に形が変わっていく。これからは，一直線型のモノの作り方ではなく，アジャイル型のモノづくりをしなければいけなくなると説明する。

コミュニティ型マーケティングは，このようなサービス・ドミナント・ロジックのマーケティングの捉え方にかなり近いということができる。サービス・ドミナント・ロジックでは，顧客間コミュニティ（CC）や企業間コミュニティ（BB）は取り扱っていないが，コミュニティ型マーケティングはさらにそれらを包含して企業のマーケティング活動の全般をカバーする概念である。

4-2　ソリューション・セリング

　小売業が創造する価値を，商品の編集（マーチャンダイジング）と定義した上で，消費者の生活課題を解決（ソリューション）するためは，①商品領域の重点化，②生活情報の総合化，③販売人材の専門化によって，商品に加え情報やサービスまでを編集して対応することを「ソリューション・セリング」と呼び，小売業態の革新の方向性として提示された（宮副，1999）。具体的には，ミールソリューションやホームヘルスケアソリューションなど，小売業を対象として創造する価値について革新すべきと述べた論考であるが，コミュニティ型マーケティングの価値の創造の端緒が，1990年代に明らかにされている。

4-3　誘導される偶発

　嶋口（2000）では，「読めないニーズの時代におけるマーケティング対応は，直接顧客との対話を通じ顧客と共に，俊敏，柔軟，機動的に新しいニーズを創造，発見して行くしかない」。「顧客自身も自分がいったい何がほしいのか分からない状態で，企業は顧客と信頼関係を作り，双方向的な対話を通じて両者が納得できる共通の価値を探り当てるしかない」という。メキシコの画家シケイロスの言葉，「明確な創作意思と意図せざる偶発の結合から創造が生まれる」から「誘導される偶発」と名づけられ，「いい絵を描こうとするときには，確固としたデッサンどおりに描いていっても納得がいかない絵になってしまう」「ある想いを持って取り組み，そこから出てきた偶発的なものをうまく取り込んで次につなげ，しだいに完成度を高めることで，一番いいものに行きつく」と示された。このマーケティングとしての含意は，リレーションシップマーケティングにおいて，売り手がしっかりとした「思い」を持ち，買い手に働きかけ，そこで起こる買い手の「偶発」の反応を的確に引き込み，次のアクションへと仕立てていくことが重要とされた（嶋口，2000）。

　「誘導される偶発」は，コミュニティ型マーケティングに位置づけるならば，まさにCC-2の段階で行われることであり，コミュニティにおいて，つぶやか

れる顧客の声，反応，企業が意図しない価値の発見を，企業は確実に自分のものとして，次のマーケティングに生かしていくことが重要であると解釈される。

4-4 エフェクチュエーション（Effectuation）理論[3]

いわゆる「STPマーケティング」は，市場の先行きを予測できることを前提としているが，未来予測が困難であれば，予測に頼ることなく未来を切り開く行動の原則が求められる。STPマーケティングを1回限りのプロセスではなく，繰り返し行う連続プロセスとしたり，多数のテストマーケティングを展開，試行回数を増やし精度を高めることが考えられた（Popper, 1959/1963）。また，市場の不確実性の認識として，①結果はわからないが事象が生起する確率の分布は既知，②結果も事象が生起する確率の分布も未知，③確率の分布を不変と仮定してよいかもわからない場合もある（Knight, 1921）。さらに，市場は，起業家や企業の働きかけを通じて相互依存的に構築される場であり，そこで生じる不確実性には，第3の不確実性も含まれる（Sarasvathy, 2008）。このような不確実な市場における企業（及び起業家）の実行すべき行動原則を「エフェクチュエーション」と呼ぶ。

その原則とは，まずやってみることが重要であるとする。①手持ちの鳥の原則（自社のリソースを活かすことを優先），②許容可能な損失の原則（利益最大化でなく許容損失を見定める），③クレイジーキルトの原則（可能なところから行動しはじめる），④レモネードの原則（偶然を避けず，利用し尽くすを優先），⑤飛行中のパイロットの原則（注意を怠らず機会を手繰り寄せる）で取り組むことが提示された。

このようなエフェクチュエーションの行動原則により，STPマーケティングが補完されるとした。すなわち，①STPマーケティングに先立ち，テストマーケティングをまずやってみる（「執行」からはじまるプロセスを，いち早く

---

3) この項は，栗木契（2018）「エフェクチュエーションを加速化する省察」『JAPAN MARKETING JOURNAL』Vol.37 No.4,日本マーケティング学会　などを参考に記述している。

「省察」し「洞察」へとつなげ，それらを踏まえた「予測」や「計画」につなげる。）②STPマーケティングに導かれた「執行」の後にも，市場の再構築が生じている可能性を掘り起こす。「執行」によって生じているかもしれないゲームルールの書き換えをいち早く「省察」し「洞察」へとつなげ，より有効な次なるSTPマーケティングに向けた取組みが可能となるとされる。

　これらは，企業にとって，顧客との常時接続性があることが重要で，まさにコミュニティ型マーケティングのような関係が構築されていてこそ，エフェクチュエーション理論にいう市場の不確実性への対応が機能することになるのではないだろうか。

4-5　サービス・トライアングル

　サービスは，企業と顧客と，そのサービスの提供者（多くの場合当該企業の従業員）の3者の連携のトライアングル関係で成り立っていると言われる（Gronroos, 1990; Binnter, 1995など）。高い顧客満足は，サービス提供者の専門性やホスピタリティによって実現される。また，顧客側からみた企業へのロイヤルティ，提供者である企業の従業員へのロイヤルティ，その従業員のプロフェッショナル意識・態度や企業へのロイヤルティなどが，企業としてのサービスビジネスにおいて重要な要件となる。

　コミュニティ型マーケティングでいう創造される価値は，プロダクトだけでないサービスで捉えるとする以上，そのサービスデザイン（編集と設計）が重要であり，その価値の伝達と提供が，サービスの特性でもある企業の従業員などの提供者という人手を介して顧客である人に向けてなされるものと認識される。このことから，コミュニティ型マーケティングでも，サービス・トライアングルの概念は重要な議論点と認識される（サービス提供者に限らず，アンバサダーやインフルエンサーなど価値の伝達者も人であり，コミュニティ型マーケティングが，リアルであってもオンラインでも，人：パーソナリティを軸にした活動であることが強く認識される）。

4-6 構成要素を分解して再構成する脱構築の考え方

　個に要素分解し，新しいビジョン，コンセプトに基づき，複数の個を新たに組みあわせ，編集して，新たな全体を編成する。1990年代頃から議論があったが（宮副，1998など），2020年のコロナ禍の経験を経て改めて認識されるに至った。例えば，飲食ビジネスの脱構築による今後の新たな戦略展開活動の可能性が提示され始めている（宮副，2020）。すなわち，飲食店はシェフと料理と店舗から成り立っており，ここでの料理とは，食材，調理技術，盛り付け技術・材料から成り，店舗は空間的なしつらえと人的な給仕サービスで形成される。コロナ期では，料理の部分だけを店舗外にて提供するテイクアウトやデリバリーが盛んになっている。料理の調理方法はレシピとなり，盛り付けは動画となって（コンテンツのデジタル化）消費者が自宅で調理し盛り付けをするに至った。また食材はレシピの産地から直送される，あるいは自宅菜園で栽培することもビジネスとして発展した。まさに価値提供を構成する要素に分解して，そこから新たな関係を再構築（脱構築）すると，次の関係づくりの可能性が見出せるのである。

　ここでの新しい関係の結び方の方法論は，これまで取引関係にない企業同士の，想像しなかった新しい連携関係を生み出すところ（BBの関係）で適用され有効と思われる。

　このように本書で構想するコミュティ型マーケティングの考え方は，先行するマーケティング理論にその一部が共通するところもありつつ，それらを包み込んだ全体的なフレームワークとして認識される。そして，企業が価値を創造し，伝達・提供する一連のマーケティング展開において実務を遂行する際に，わかりやく取り組みやすいフレームワークとして活用されていくことを期待したい。

▶ 5　青山企業の事例研究を通じての コミュニティ型マーケティング 概念の確実化─次章以降へのつなぎ

5-1　青山企業とコミュニティのタイプ

　本書では，コミュニティ型マーケティングの考え方を，新しいマーケティングのフレームワークとして，どのように企業のマーケティング戦略展開を説明できるか，青山企業を研究対象として取り上げ，その企業に適用して，戦略活動を観察して説明することを試みたいと考える。

　本書でいう「青山企業」とは，「青山」に本社あるいは，主要店舗・拠点を構える企業を指す。宮副（2015）『ケースに学ぶ青山企業のマーケティング戦略』でも見たように，いずれの企業も，それぞれが所属する業界（ビジネス分野）で特徴的なマーケティング戦略を掲げ，それにより注目され，業績をあげている企業が多い。マーケティングに関し，いち早い動きをする，先行事例が見つかるのではないかという期待も大きい。

　今回は，コミュニティを軸にマーケティング展開する青山企業を10社選定し，その企業の事例を見ていくこととした。その10社は以下のとおりである。

　①コム・デ・ギャルソン（ファッション），②ヨックモック（洋菓子），③ナチュラルハウス（食品小売業），④ニュートラルワークス-ゴールドウイン（スポーツ製造・小売業），⑤アクタス（インテリア製造・小売業），⑥ほぼ日（クリエイティブ），⑦エイベックス（音楽映像クリエイティブ），⑧東京ヤクルトスワローズ（野球球団），⑨きらぼし銀行（金融）⑩マッキャンエリクソン（広告コミュニケーション）である。

　東京は，地域ごとに特徴的なイメージがある。情報発信の面でいうなら，銀

座は全国や世界への情報発信源，新宿は広く大衆層への情報発信源というイメージである。青山はマスではなく特定層（いわゆる「青山顧客層」）へ向けて発信し，その受信・反応を企業が期待するといった双方向の関係がある（宮副，2015）。企業の担い手がプロフェッショナル人材であれば，専門度の高い製品やサービスが創造され，それに共感する消費者は，一般層よりも感度や質を理解し，それを望む顧客層と見立てられる。

　このような青山企業について，顧客コミュニティの観点からそのマーケティングの特徴を，本編に入る以前の現時点で先に述べるなら，おおよそ4つに分類できそうである。

(1)　商品ブランドのファンのコミュニティ

　商品そのものに独自のコンセプトとデザインがあり，商品ブランドとしての発信が人をひきつけ，そのブランドの信奉者（ファン）を獲得し，長年その関係を維持してきた企業

　　-「コム・デ・ギャルソン」「ヨックモック」

(2)　ライフスタイルの共感によるコミュニティ

　高感度の顧客に向け新しいライフスタイルを発信し，それに共感する顧客をコミュニティとして維持・育成してきたと捉えられる企業

　　-「ナチュラルハウス」「ニュートラルワークス（ゴールドウイン）」「アクタス」

(3)　プロフェッショナルなタレント（人材）のファンのコミュニティ

　アスリート，アーティスト，クリエイターなど技術専門度が高い人材を有し，そのファンをベースに強い関係のコミュニティがあると思われる企業

　　-「東京ヤクルトスワローズ」「エイベックス」「ほぼ日」

⑷　独自で高い専門能力を組織として持ち，それを基盤とする法人営業
のコミュニティ

独自の専門性の高い技術が顧客に評価されており，また顧客（法人）と常時
接続関係にあり，そこから商機を生み出していく企業

－「きらぼし銀行」「マッキャン・エリクソン」

5-2　この後の本書の構成

「コミュニティ型マーケティング」という新しいマーケティングのフレーム
ワークを仮説として，青山企業の事例に当てはめ，そのフレームワークに基づ
き，その企業のマーケティング展開の特徴を明らかにする。この序章に続き，
第1章から第10章まで，合計10社の事例研究を行う。

その上で，結章にてその事例研究の総括を行い，この新しいマーケティング
のフレームワークの当てはまりを確認するとともに，そこでの新たな発見・気
づきをそのフレームワークにフィードバックし，その精緻化を図る。本書は，
このような構成となっている。

さらに，各章の構成，すなわち各社の事例分析の構成は，①当該企業の消費
者接点で最もイメージしやすい展開場面の紹介，②企業概要（主力取扱製品・
サービス，売上，企業規模，業界での位置づけ，沿革など），③マーケティン
グ戦略の概要（ターゲット顧客，マーケティングミックスなど共通視点での解
説），④その企業のコミュニティのつくり方・活かし方，⑤コミュニティ型
マーケティングとしての戦略展開の評価，⑥実現要因の考察（なぜそのような
コミュニティ型マーケティングが展開できたか，経営者のリーダーシップある
いは社員メンバーの能力などマネジメント面も含めた考察），⑦今後の戦略展
開の可能性（このコミュニティ型マーケティングはいかに発展するか），⑧こ
の企業のマーケティング戦略からの学びという8項目である。（なお，④から
⑧については，各章の筆者個人の考察及び見解となる。当該企業が発表してい
るものではない。）

●参考文献

Batson, C. D.（2009）*These things called Empathy: Eight related but Distinct Phenomena*, In J. Decety & W. Ickes（Eds.）, Social neuroscience. The social neuroscience of empathy, pp.3-15, MIT Press.

Bintrer, M.J.（1995）*Building Service Relationships: It's All About Promises*, Journal of The Academy of Marketing Science 23, 4, pp.246-251.

Boorstin, D.J.（1973）*The Americans: The Democratic Experience*, Random House.

Davis, H.M.（1983）*Measuring Individual Differences in Empathy: Evidence for a Multidimensional Approach*, Journal of Personality and Social Psychology. Vol.44, No.1, pp.113-126.

Decety and Svetlova,（2012）*Putting together phylogenetic and ontogenetic perspectives on empathy*, Developmental Cognitive Neuroscience Volume 2, Issue 1, January 2012, pp.1-24.

Fournier, Susan & Lee, Lara（2009）*Getting Brand Community Right*, Harvard Business Review, April 2009.（スーザン・フォルニエ, ララ・リー（2010）「ブランド・コミュニティ：7つの神話と現実」『DIAMONDハーバードビジネスレビュー』2010年10月号, ダイヤモンド社）

Goleman, Daniel（2013）*How effective executives direct their own—and their organizations'—attention* , Leadership Magazine Article, The Focused Leader HBR.

Gronroos, Cristian（1990）*Service Management and Marketing*, Lexington Books, MA.

Knight, Frank. H.（1921）*Risk, Uncertainty and Profit*, University of Chicago Press.

Kotler, Philip（1991）*Marketing Management: Analysis, Planning, Implementation, and Control, Seventh Edition*, Prentice-Hall.

Muniz, Albert M. Jr. and Thomas C. O' Guinn（2001）*Brand Community*, Journal of Consumer Research, vol.27,No.4, pp.412-432.

Popper, Karl Raimund（1959）*The Logic of Scientific Discovery*, Basic Books.（大内義一・森博訳（1971）『科学的発見の論理』上・下, 恒星社厚生閣）

Popper, Karl Raimund（1963）*Conjectures and Refutations: The Growth of Scientific Knowledge*, Routledge & Kegan Paul（藤本隆志・石垣壽郎・森 博訳（1980）『推測と反駁』法政大学出版局）

Sarasvathy, Saras D.（2001）*Causation and Effectuation: A theoretical shift fromeconomic inevitability to entrepreneurial contingency*, Academy of ManagementReview, Vol.26, No.2, pp.243-263.

Sarasvathy, Saras D.（2008）*Effectuation: Elements of entrepreneurial expertise*, Edward Elgar（加護野忠男 監訳, 高瀬進・吉田満梨訳（2015）『エフェクチュエーション：市場創造の実効理論』碩学舎）

Vargo&Lusch（2004）*The Four Service Marketing Myths Remnants of a Goods-Based, Manufacturing Model*, Journal of Service Research, Volume 6, No. 4, May 2004, Sage Publications.（ラッシュ＆バーゴ（2016）『サービス・ドミナント・ロジックの発想と応用』

同文館出版）

Zaki, J., & Ochsner, K.(2012). The neuroscience of empathy: progress, pitfalls, and promise. Nature Neuroscience. 15, pp.675-680.

岩嵜博論（2018）博報堂ウェブサイト「マーケティング＊マネジメント2018」（2018年12月20日入手）https://www.hakuhodo.co.jp/magazine/65773/

栗木契（2018）「エフェクチュエーションを加速化する省察」『JAPAN MARKETING JOURNAL』Vol.37 No.4，日本マーケティング学会コトラー（1983）『マーケティング原理』ダイヤモンド社

コトラー（1983）『マーケティング原理』ダイヤモンド社

コトラー（2008）『マーケティング・マネジメント基本編』ピアソンエデュケーション

コトラー（2017）『マーケティング4.0』朝日新聞出版

佐藤尚之（2018）『ファンベース』ちくま新書，筑摩書房

嶋口充輝（2000）『マーケティング・パラダイム』有斐閣

嶋口充輝・他（2004）『マーケティング戦略』有斐閣

電通（2017）『企業魅力度調査』企業広報戦略研究所

博報堂DYグループエンゲージメント研究会（2009）『「自分ごと」だと人は動く―情報がスルーされる時代のマーケティング』ダイヤモンド社

水野博之（2015）「ナチュラルハウス」（宮副謙司編著（2015）『ケースに学ぶ青山企業のマーケティング戦略』中央経済社，第8章所収）

宮副謙司（1998）『小売業変革の戦略』東洋経済新報社

宮副謙司（1999）『ソリューション・セリング』東洋経済新報社

宮副謙司・内海里香（2017）『米国ポートランドの地域活性化戦略』同友館

宮副謙司（2019）「青山学―青山から始まる地域活性化論④青山企業の地域コミュニティ戦略」『青山学報』267号，2019年春号，青山学院本部広報部

宮副謙司（2020）「WithコロナからAfterコロナにおける消費者の購買行動の変化と，企業や事業戦略の在り方を考える」日本マーケティング学会マーケティングサロン資料

宮副謙司（2021）「青山学―青山から始まる地域活性化論⑫青山企業のコミュニティ進化」『青山学報』275号，2021年春号，青山学院本部広報部

第 **1** 章

コム デ ギャルソン
(COMME des GARÇONS)

Summary

コム デ ギャルソンは，イノベーティブな感性に共感する顧客の心を長年に渡り掴み，堅調な売り上げを維持するデザイナーズ・ブランドである。その成長要因は，デザイナー川久保玲氏（以下敬称略）による牽引力と，経営とクリエイションの舵取りである。

創成期から中期までは，グローバルな舞台でのファッションショーをメインに，ビジュアル誌等でアーティスティックな世界観を表現し，熱狂的なファンを獲得してきた。中期以降はデザイナー後継者育成，他企業とのコラボレーションによるブランド拡張に取り組んでいる。ブランドのコアを守ることで共感度の高い熟達者の期待を維持しつつ，製品ラインナップ・店舗形態を増やし間口を広げる戦略を取っている。

これにより，企業のデザイナー/販売員・顧客（熟達者/入門者）・他企業などとの交流が生まれ，コム デ ギャルソンのコミュニティが形成されている。

Key Words

デザイナーズ・ブランド，経営とクリエイション，後継者育成，
コラボレーションビジネス，継続的な共感の獲得

Data

事業内容：アパレル（製造・小売）／デザイナーズブランド
創業：1969年（会社設立：1973年）
年商：400億円（2018年度）

▶ 1 はじめに

　1982年のパリコレクション。ランウェイにこれまでに見たことのない，黒地のボロのように穴の開いた服を着たモデルが登場した時，メディアは「黒の衝撃」と報じた。日本人デザイナー・川久保玲が率いる「コム デ ギャルソン」の新作発表会でのことである。西洋の服の常識を覆したデザインはモードファッションの流れを変えたといわれる。以降，コム デ ギャルソンはアバンギャルドな「デザイナーズ・ブランド」として「新しいものに出会えるのではないか」という顧客の期待を常に生み続けている[1]。

　「コム デ ギャルソン」とはフランス語で「少年のように」を意味する[2]。特徴としてあげられる「黒，破壊，アシンメトリー」といった表現は，川久保玲自身は西洋的・東洋的といった捉え方を離れ，服の構造から変えるという仕事をしていると述べている。

　中核となるブランドは「コム デ ギャルソン」「コム デ ギャルソン・オムプリュス」「ジュンヤ ワタナベ・コム デ ギャルソン」「コム デ ギャルソン・ジュンヤ ワタナベ マン」の4つで，川久保玲と渡辺淳弥氏（以下敬称略）がパリコレクションで発表する同社のクリエイションを象徴するブランドである。

---

1)　デザイナーズ・ブランドとは「ファッションデザイナーが自らの感性やデザイン力を前面に打ち出し，企画から生産まで主導的な立場で関わるブランド」のことである。日本では1980年代にブームが興った。このブームを牽引した代表的なデザイナーズ・ブランドとして，三宅一生の「イッセイミヤケ」・山本耀司の「Y's（ワイズ）」そして川久保玲の「コム デ ギャルソン」があげられる。（『現代美術用語辞典ver.2.0』）

2)　「コム デ ギャルソンという音の響きが気に入ってつけたブランド名で，特に深い意味を含んでいるものではありません」（Rawsthorn, Alice "Designing is so tough, sighs Japan is queen of innovation" Financial Times. fashion, 1993.12.4-5）

写真1−1　中核となる4ブランド

コム デ ギャルソン　　コム デ ギャルソン　　ジュンヤ ワタナベ　　コム デ ギャルソン
（21〜22秋冬）　　　・オム プリュス　　・コム デ ギャルソン　　・ジュンヤ ワタナベ マン
　　　　　　　　　　（21〜22秋冬）　　　（21春夏）　　　　　（21〜22秋冬）

（出所）「繊研新聞」「fashion-press」記事より引用

▶2 ｜ コム デ ギャルソンの概要

2-1　企業概要

　コム デ ギャルソンは自社商品（2021年時点：17ブランド）を国内・海外の直営店および百貨店，オンラインショップで販売している。外部から資金を調達したのは設立当初のみであり，過去一度も赤字を出すことなく堅調な業績をあげている。1981年のパリコレクションデビュー年の売上高が44億円，1987年度には100億円を超え，2003年は140億円と推移し，2018年度の売上高は400億円である[3]。年商の約8割が国内で，約2割強が海外である。急激な規模拡大は行わない方針で現在，国内店舗約100店，海外店舗約30店で運営しており，

---

3)　南谷えり子（2004）『ザ・スタディ・オブ・コム デ ギャルソン』リトル・モア「躍進するコム デ ギャルソンのDNA」『VOGUE JAPAN』2018年1月28日記事
https://www.vogue.co.jp/fashion/trends/2018-01-28?fbclid=IwAR3eDqq5nRCTXlpJl
RZhzYrdz9RH-2INBc03TcWe0pywroHBXOo0cd8HGI0（2021年1月20日入手）

事業部門としては，企画生産部門，営業販売部門，広報宣伝部門，グラフィックデザイン部門，経理総務部門で構成されている。

　事業内容としては，年4回（春，秋／メンズ，レディース）のパリコレクションと展示会を主たる時間軸とし，レディース，メンズ，小物の企画・製造・販売の業務を展開している。

　現在の主要デザイナーは川久保玲，渡辺淳弥，二宮啓，栗原たお（敬称略）の4人。「フミト　ガンリュウ」の丸龍文人（敬称略），「sacai」の阿部千登勢（敬称略）をはじめとして，独立したコム デ ギャルソン出身のデザイナーも輩出している。

写真1－2　コム デ ギャルソン青山直営店

（出所）筆者撮影（2020年）

2-2　沿革

　コム デ ギャルソンは，1969年の創業時は原宿のマンションの一室で2名のスタッフと共にスタートした。1973年に会社として設立され，1975年に東京で最初のショーを行った。また同時期にコム デ ギャルソン青山店を表参道のフロムファーストにオープンした。

　1980年代からは世界進出の段階に入った。1981年にパリコレクションデビューを果たし，以降現在まで春夏・秋冬コレクションで新作を発表している。1983年にはコム デ ギャルソン・ファニチャー（90年代初頭まで展開）を設立し，コム デ ギャルソン・NY店をオープン。1984年にはメンズブランド，コム デ ギャルソン・オム プリュスを発足した。このブランドでは，後にコム デ ギャルソンのアイコンともいえる「縮絨（しゅくじゅう）」という布をフエルト状にして古着の風合いを演出する技法を生み出すことになる。

　また，1990年代に入ると，社内で別のデザイナーを育成する企画が持ち上がり，渡辺淳弥がデザイナーとして両国駅旧改札口のファッションショーでデビューし「ジュンヤ ワタナベ・コム デ ギャルソン」が発足した。

　2003年には新しい顧客の開拓を目的として，ロンドンを皮切りに直営路面店・百貨店とは異なるコンセプトショップという形態で「ビューティフルカオス」をコンセプトにDOVER STREET MARKETをオープンした。同じく2003年にハート型のワンポイントを衣服に取りつけた「プレイ コム デ ギャルソン」が発足した。Tシャツ，ポロシャツ，セーターなどの定番アイテムに絞り，シーズンごとにハートのアイコンがグラフィカルに変化するシリーズである。2008年に「ブラック・コム デ ギャルソン」が発足した。このブランドは色をブラックに絞り，長年支持を受けてきたデザインを中心に展開している。「プレイ」も「ブラック」も入門者が購入しやすい価格帯である。

▶ 3　コム デ ギャルソンのマーケティング戦略

3-1　ターゲット顧客

　コム デ ギャルソンのターゲットは川久保玲のクリエイションのみならず，生き方やビジネスへの姿勢に共鳴する顧客が本流である。最近は新しい取組みによって若い顧客の開拓も進んでいる。デザインの形状から「モード」「ラグ

ジュアリー」といった路線を好む顧客を基本的にターゲットにしていると考えられるが，川久保玲のクリエイションの源流である「挑戦」「新しいこと，ワクワクするなにか」に対し共感し，「これまでにない体験をすること」を求める人々であると考察する。

3-2　価値の創造

コム デ ギャルソンが提供する価値は，唯一無二のデザイナーズ・ブランドとして提供する「アバンギャルドなテイストの衣服・小物」といえるだろう。より大きな視点で考えれば「既存の衣服にはない概念や考え方」と言い表すことができる。製品戦略でいうコアの部分は「イノベーション・革新的な思想」，形態は「黒い服やボロルックに代表されるファッションスタイル」であると考えられる。

新しい展開として，形態の派生ともいえる「プレイ」のハートマークなどの特徴的なロゴもあげられるだろう。

図表 1 - 1 は，コム デ ギャルソンの全17ブランドをポジショニングマップにしたものである（縦軸は商品ラインナップ，横軸はブランドの入門から熟達という深耕度で分類）。

この分類からコム デ ギャルソンが入門（一般客向け）商品からブランド熟達者まで幅広い層に対応する製品戦略を展開していることがわかる。また，ファンのライフステージの進行とともに顧客を育成していく仕組みができているといえるだろう。

例えば，学生時代に「プレイ」や「ブラック」に親しんだ学生が，社会人になり「シャツ」や「オム ドゥ」で平日のスーツスタイルを楽しみ，休日は「ジュンヤ ワタナベ」のホリデースタイルで過ごす。女性であれば学生時代に「ガール」の衣服・小物に触れ，社会人になって「トリコ」や「コム デ ギャルソン・コム デ ギャルソン」へと選択の幅を広げていくといったことも可能である。また，小物・雑貨型で入門向きのブランドは身近な人へのギフトにも選びやすい。「プレイ」などの一目でコム デ ギャルソンとわかるロゴは特別

図表1－1　コム デ ギャルソン ブランドポジショニングマップ（考察）

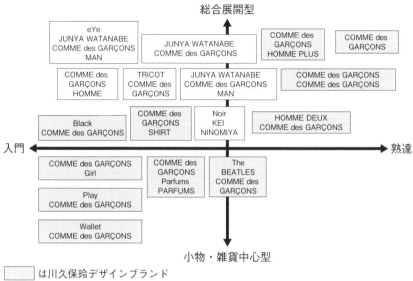

は川久保玲デザインブランド

（出所）「コム デ ギャルソンのすべて。」『Penプラス』（2012）をもとに筆者作成

感があり，かつ手軽なアイテムも揃っており贈答用としてのポテンシャルが高い。

3-3　価値の伝達（コミュニケーション戦略）

コム デ ギャルソンの価値の伝達は，ブランド創成期から中期までと近年とで変化が見られる。

ブランド創成期から中期までの取組みは，大きく分けて3つの手段があった。第一に，ファッションショーにおける新作発表でブランドコンセプトの発信を行った。イメージに沿ったモデルや音楽を起用し，そのシーズンのコンセプトを短時間で伝達した。第二に，美術館での写真や衣服の展示会である。1986年にパリのポンピドー・センターで写真展「MODE ET PHOTO」を，2008年には北京798芸術区で印刷物展を開催した。（2017年にはメトロポリタン美術館で現役デザイナーとして史上2人目の衣服の展示会を行った。）第三に，1975年

から海外の有名写真家とタイアップし，イメージカタログや雑誌によるブランド発信を行っていた。サラ・ムーンやピーター・リンドバーグといった最前線の写真家を川久保玲が指名し，コラボレーションを行っていた。また，1988年に顧客向ビジュアル誌「Six」（1991年にかけて1〜8号までを発行）を発刊した。アートやファッション，写真，デザイン，文学など幅広いテーマで構成され，衣服がほとんど登場しないコンセプチュアルアートの作品集のような作りは，現在も熱狂的なファンが存在する。

　近年の取組みは，EC化と連動したWebでの発信である。コム デ ギャルソンは設立以来長らくWeb上での活動を控えていたが，2010年10月に公式HPを開設し，現在ではページ上で「オム プリュス」「ジュンヤ ワタナベ マン」のパリコレクションの映像も視聴可能にしている。また，公式FacebookやInstagram（「DOVER STREET MARKET GINZA」公式）でも情報発信を行っている。

3-4　価値の提供（チャネル戦略）

　コム デ ギャルソンの価値の提供は，リアルとWebでの「場」を通じて行われている。リアルの「場」は路面直営店・小売店での衣服・小物の実販売である。コム デ ギャルソンの売り場は川久保玲が空間デザインをディレクションし，百貨店内の店舗も廃材を使った斬新なオブジェや動植物のオブジェを置くなど，空間全体をコム デ ギャルソンの世界観を表現するスペースとして演出している。また，ブランドを知り尽くした販売員が応対することで，顧客の購買体験をより深めている。

　店舗の形態としては，ブランドイメージを発信する店とは別にセレクトショップも運営している。海外では「ゲリラストア」という形態で，内装に予算をかけず限定された期間で過去の在庫を販売した。現在はDOVER STREET MARKETが運営しており，ロンドン・銀座・NYで自社ブランド以外のビッグメゾンの商品，新進気鋭のデザイナーの商品も取り扱っている。新作コレクション発表の時期に合わせて「オープンハウス」というイベントを開

催し，セレクトショップで扱っているコムデギャルソン以外のブランドのブランドも集結し，店頭での接客や限定品の販売などを行っている。

　他の店舗形態として「PLAY BOX」（Play MD主体）や「POCKET」（ブラックMD主体）というキヨスク型店舗を直営店隣接で展開し，Tシャツやバック，靴下等の小物を品揃えし展開している。通常店舗とは異なる気軽さや「秘密基地的な魅力」があり，若年層・海外客の土産物需要を喚起している[4]。

　Webの「場」では2010年よりEC通販の展開を始め，2021年2月現在，日本国内では「DOVER STREET MARKET GINZA」のオフィシャルオンラインショップで購入が可能となっている。

▶ 4 ｜ コム デ ギャルソンのコミュニティのつくり方・活かし方

　コム デ ギャルソンは主に5つのコミュニティを形成していると考えられ，その創成期から，川久保玲のカリスマ性からコミュニティが形成されるパターンであった。現在もコミュニティの中心は川久保玲であることに変化はないと思われるが，本研究のコミュニティ型マーケティングの視点からは，**図表1－2**ようにコミュニティ（複数）が存在すると考えられる（筆者の考察）。

　すなわち，①「コム デ ギャルソン－顧客間」で形成されるコミュニティ（BC），②価値の伝達での「コム デ ギャルソン－写真家・建築家などクリエイティブ・アート・デザイン・スペースコミュティ」，③「コム デ ギャルソン顧客内 熟達者と入門者間・熟達者と熟達者間」で形成される顧客相互のコミュニティ（CC），④「コム デ ギャルソン―他企業間」で形成されるコミュニティ（BB），⑤「コム デ ギャルソン デザイナー間」で形成されるコミュニティといった5つのコミュニティが考察される[5]。

　4）　売上の10％を占めるとされる（「躍進するコム デ ギャルソンのDNA」『VOGUE JAPAN』2018年1月28日記事）

図表1-2 コム デ ギャルソン　コミュニティ型マーケティングの全体像（考察）

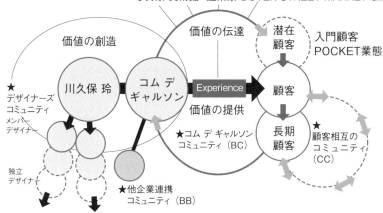

（出所）筆者作成（2021）

4-1　コム デ ギャルソン―顧客間コミュニティ（BC）

　上記のコミュニティ形成のベースとなるのは，販売員と顧客間でのコミュニケーションである。販売スタッフはコム デ ギャルソンの思想・スタイルを具現化する伝達者として，商品を通じてリレーションを築いている。特に川久保玲の価値は，ファッション（衣服）に留まらず，その空間性・時間性のある「Experience」であり，さらに言えば，彼女のイノベーティブな価値観や生き方である。そうしたことを体験・経験としていかに顧客に確実に提供できるか，その担い手として，店舗スペース空間や販売スタッフが重要であると考えられる。

---

5)　これらのコミュニティの形成においては，ファッションビジネスの構造変化も念頭に置く必要がある。かつてのファッションビジネスは「売り手と買い手の情報格差」が顕著であり，ブランドの神秘性，手の届きにくい憧れの存在であることが定石と言われていた。この傾向がファストファッションの台頭により顧客主導へと移行している。

4-2　価値の伝達のコミュニティ

　コム デ ギャルソンの価値の伝達は，パリコレクションでの新作発表を起点として，企業本体及びコレクション招待者のバイヤー・ジャーナリスト・アーティストを通して顧客への働きかけが行われていると考えられる。しかしそれ以上に重要で，コム デ ギャルソンが独自に特徴的に持っているのが，写真家，美術館，建築家などのクリエイティブ・アート・デザイン・スペースに携わる人々とのコミュニティである。

　近年では，コレクション発表時に「DOVER STREET MARKET」が主催するイベント「オープンハウス」で他ブランドのファンを含めて交流する仕組みを加えている。DOVER STREET MARKETで協働する他ブランドのデザイナー（Kiko Kostadinov（キコ・コスタディノフ）やFragment design（フラグメントデザイン）の藤原ヒロシ（敬称略）。ともに2019年春夏コレクションより）も，広義のコム デ ギャルソン コミュニティの一角である。

　（さらに言えば，彼らのファンもそのクリエイションのルーツをコム デ ギャルソンに見出すという可能性があることから，潜在的なコミュニティメンバーであると考えられる。）

4-3　コム デ ギャルソン顧客内 熟達者―入門者間・熟達者―熟達者間コミュニティ（CC）

　コム デ ギャルソン顧客内で形成されるコミュニティは，SNSによる熟達者―入門者が考えられる。入門者はSNS等で熟達者の着こなし，デザインの魅力を学び参考にして衣服を選択しているケースが見受けられる。特に10代から20代の入門者は，Instagramなどでインフルエンサーの着こなしから影響を受け，自分でアイテムを選ぶことが一般化しており，このコミュニティの価値伝達がスムーズのように見受けられる[6]。

　また，熟達者同士のファンのコミュニティの可能性も考えられる。コム デ ギャルソンは基本的にリバイバルを行わない為，ファンの嗜好ごとに「〇〇年

代のこのデザインはレアもの」といった特定の年代に販売されたビンテージに価値を見出し楽しむファンも存在し，古着屋やメルカリなどでの取引も行われている。ここ近年の「CtoC EC」市場の拡大により，今後もモノを通じてのファンコミュニティの拡大は続くと思われる。

4-4　コム デ ギャルソン―他企業間コミュニティ（BB）

コム デ ギャルソンと他企業間で形成されるコミュニティは，特に近年の新しい取組みとしてコラボレーションによる商品製造によって実現されている。「大坂なおみ×ナイキ×コム デ ギャルソン」限定モデルシューズ（2020年12月発売），「ルイ・ヴィトン×川久保玲」コラボトートバック（2021年3月発売）など，個性が強い企業・個人とのコラボレーションを常に行い，それぞれのファンへのブランド浸透アプローチとなっている。

4-5　コム デ ギャルソン デザイナーズコミュニティ （ある意味でBB）

コム デ ギャルソン デザイナー間で形成されるコミュニティは2タイプが見られる。

第一に，デザイナー川久保玲が後継者育成を行い，自社のブランドデザイナーとなったメンバーである。具体的には「ジュンヤ ワタナベ・コム デ ギャルソン」「コム デ ギャルソン・ジュンヤ ワタナベ マン」の渡辺淳弥，「トリコ コム デ ギャルソン」の栗原たお，「Noir KEI NINOMIYA」の二宮啓の3名である。

第二に，コム デ ギャルソン出身で独立して新たなブランドを展開したデザイナーである。「GANRYU」の丸龍文人，「sacai」の阿部千登勢があげられる。

---

6)　筆者によるコムデギャルソン購入実績のある青山学院大学生複数名（①近年購入し開始した学生，②長年購入している学生，③長年購入している学生―親がコムデギャルソンファンなど））へのプライベートインタビュー（2021年1月実施）から得られたコメントから記述した。

彼らはコム デ ギャルソンのクリエイションに共感して入社し，デザイナーとして基礎技術からブランド育成維持までの経験を積み独立を果たした仲間的なコミュニティである。このような独立したデザイナーとの関係は，別企業として捉えれば本研究でいうところの「BB」の関係と捉えることができる。そして，これらのブランドの顧客は，そのデザイナーの源流であるコム デ ギャルソンの創造する価値にも共感し，コム デ ギャルソンの顧客になることも多くあるのではないかと思われる。

　このように，コム デ ギャルソンは，デザイナーの才能を育成し続けることで，事業拡大につながり，顧客拡大にもつながる，まさに，インキュベーション（事業創出支援）タイプのコミュニティを形成していると捉えられる。

　以上の5つのコミュニティがレイヤー上に重なり，インタラクティブに作用しているのがコム デ ギャルソンのコミュニティ形態であると考えられる。

▶ 5　戦略展開の評価

　コム デ ギャルソンの戦略展開は設立から約50年を迎えようとする中，時代に合わせて変化をしてきた。目指すクリエイションをビジネスとして成立させるために，以下の2つの戦略がとられたと考えられる。

5-1　コミュニティの間口を広げている

　製品の価格帯では，入門ラインの「プレイ」Tシャツが8,000円〜，本流ラインの「コム デ ギャルソン」がトップス15,000円〜30,000円，ボトムス30,000円〜50,000円，アウター60,000円以上といったように，購買に関して柔軟な選択肢を揃え，間口を広げる戦略を取っている。入門ラインは若者にも購入しやすい価格帯でありファン育成の入り口としての機能を果たしている。また贈答用として用いられることにより熟達者から入門者への働きかけとなり，コミュ

ニティ拡大の一役を担っているとも考えられる。

　さらに，2010年代後半からのインバウンド隆盛はマーケティングの転換点となっているが，コム デ ギャルソンは環境の変化を見極めEC化対応や入門者向けの「POCKET」のような新店舗形態，他ブランドとの協働イベントなど，近年の取組みとしてコミュニティ型マーケティングを新しい形で取り入れていることが読み取れる。

5-2　デザインやコンセプトの独自性からのコミュニティも独自であり模倣困難

　コム デ ギャルソンの戦略の独自性は，デザイナー川久保玲の「これまでにない服を作る」という長年の一貫した信念から作られるデザイナーズ・ブランドとしての独自の世界観であり，その世界観に共感して集まったクリエイター集団と顧客のコミュニティは他ブランドには極めて模倣困難なものである。

　ファッション業界は変化が速く流行といった不確定要素に左右されるが，「衣服と人間」といった普遍的な問いを社会に投げかり，個人のライフスタイル・生き方に影響を与える力を持つのがデザイナーズ・ブランドの本質であると考察する。デザイナーズ・ブランドは，デザイナーが信念や哲学を保ち続ける限り，自社にしか出せない価値を追求することが可能であり，模倣困難な経営資源を維持できるのである。

　この2つの戦略が，「経営とクリエイションのバランス」ということと認識され，評価できる。

▶ 6　実現要因の考察

　コム デ ギャルソンのコミュニティ型マーケティング戦略が実現・成功した要因は，経営者・従業員・顧客という視点で整理することができる。

　第一に，経営者として，川久保玲の持つ革新的なファッションの思想と強い

牽引力がまずあげられるだろう。デザイナーであり経営者てあるといっ立ち位置から，自社の商品を誰に，どのように伝えるのが効果的であるかを見極め，新たな店舗形態や他ブランドとのコラボレーションなど，これまでにないマーケティングコミュニケーション手法を常に実践してきたことが，現在のブランドの成功につながっていると考察する。

　第二に，ブランドの理念に共感・共鳴した従業員がクリエイションや店舗といった現場で，コム デ ギャルソンの理念を醸成させ伝達していることもあげられる。そして，かつての従業員であり，そのクリエイションのDNAを受け継いだ後継者デザイナーが独立をし，ファッション業界への影響力を強めていくことで，結果的にコム デ ギャルソンのコミュニティの拡大にもつながっている。

　最後に，顧客という視点では，コム デ ギャルソンのクリエイションに魅了された入門者が数々のブランド体験を経て熟達者へと成長し，新たな入門者をコミュニティへ導くといった流れも考察される。

▶ 7 ｜ 今後の戦略展開の可能性

　コム デ ギャルソンの今後の戦略展開の可能性として，二つの考察ポイントをあげたい。

　第一に，クリエイションの方向性である。現在新たな店舗形態やEC化から生まれている若年層・海外客のニーズに合わせて新たなクリエイションをしていくのか。または，特定の顧客層に左右されずに，コム デ ギャルソンの2030年を見据えたクリエイションがあるのかという点である。前者に関しては育成されている後継者デザイナーが担い，後者に関しては川久保玲が担っていくという見方が自然であろう。

　第二に，デジタル技術の発展による衣服のオーダーメイド化の潮流の中で，コム デ ギャルソンがどのような立ち位置を取るのかである。プレミアム顧客

に対してオーダーメイドの戦略をとるといった方向性も考えられる。もし，影響力の強いコム デ ギャルソンがオートクチュールに進化するならば他のデザイナーズ・ブランドも追随する可能性も考えられる。しかし，オーダーメイド戦略を取るということは，ブランドの独自性を薄める可能性があることも追記したい。

▶ 8 コム デ ギャルソンのコミュニティ型マーケティングからの学び

　コム デ ギャルソンのコミュニティ型マーケティングからの学びは，ブランドのコアの守り方，人材の育成・維持の観点から述べることができる。

　ブランドのコアを守るという点については，コムデギャルソンの場合「イノベーション・革新的な思想」といった信念を持ち事業を継続していく為に，経営とクリエイションの絶妙なバランスを取っていることである。作りたいものを作っていても，購入者がいなければビジネスとしては成立しない。しかし，デザインの哲学をなくして顧客に合わせることは行わない。長期に渡り成功しているコム デ ギャルソンのようなデザイナーズ・ブランドは，自分達らしいやり方で資金を調達し，ビジネスを成立させ，ファンを増やし，事業を維持継続させる手法を確立しているといえる。ブランディングという観点から，コム デ ギャルソンの在り方はファッション業界以外の企業でも広く示唆に富むものであると考えられる。

　人材の育成・維持という点については，コムデギャルソンの後継者育成の取組みは，一般企業に置き換えると社員の能力のタレント化・活かし方という観点に繋がり，社員のキャリア重視の人材育成を行うことで社員のやりがいも高めることに繋がる。さらに，企業本体にとっても将来の経済的取引が生まれる要因となる。このような関係は，企業経営に示唆が多く，学びになるのではないだろうか。

　ファッションデザインという分野の特性上，感性で引き合う人々が組織に集まりやすいという特質がある。このような業種は全体から見れば特殊ではあるだろうが，今後の企業の人材育成の在り方として，「感性でひきあう人たちを集めて共通のビジョンのもとで仕事をしていく」といった在り方が，より未来的な組織の形態として浮き彫りになる。コム デ ギャルソンの事例は，共感型の組織が新しい価値をクリエイションし，共感が顧客へと伝播し，やがてコミュニティとなり，社会に強いインパクトを与えることを物語っている。

●**付属資料－1** コム デ ギャルソンの沿革（1969年の設立から2019年まで）

年	内　容
1969	川久保 玲がデザイナー，経営者として東京でコム デ ギャルソンの名前で婦人服の製造と販売をスタートする。
1973	㈱コム デ ギャルソン設立。当時言われたDCブランドの先掛けとなる。
1975	東京コレクションに参加。 コム デ ギャルソンの青山店が表参道のフロムファーストにオープン。
1981	パリコレクションに進出。今までに無い表現による服のデザインは欧米のメディアから「東からの脅威」「黒の衝撃」などと評され話題となり，欧米の常識的な服のデザインのあり方に対して風穴を開けて行くこととなる。日本に於いてもビジネスそのものをクリエイションと考え，コンセプチュアルにブランドを増やしていく。
1982	フランスに法人を設立。パリに直営店をオープン。
1983	ニューヨークに直営店をオープン。 コム デ ギャルソン・ファニチャーを発表。
1986	アメリカに法人を設立。
1989	コム デ ギャルソン青山店が現在の場所に移転オープン。
1992	ジュンヤ ワタナベ・コム デ ギャルソン発足。
2003	プレイ・コム デ ギャルソン発足。
2004	新しいSHOP形態として，「ビューティフルカオス」をコンセプトにロンドンにDOVER STREET MARKETをオープン。
2008	ブラック・コム デ ギャルソン発足。
2012	㈱DOVER STREET MARKET JAPANを設立。DOVER STREET MARKET GINZAをオープン。
2013	DOVER STREET MARKET NEW YORKオープン。
2017	米国ニューヨーク市，メトロポリタン美術館に4カ月間「Rei Kawakubo Comme des Garcons Art of the In-Between展」開催。
2019	ウイーン国立歌劇場150周年記念講演会オペラ（オルランド）12月8日開演で，川久保 玲が舞台衣装を手がける。

（出所）「マイナビ2021」「Penプラス」などを参考に筆者作成（2021）

●**付属資料－2**　川久保玲　語録（コミュニティ形成に川久保氏の言動は重要と考える）（抜粋）

> 「私は，今までに存在しなかったような服をデザインしたいと思っています。自分の過去の作品に似たものも作りたくありません」
>
> 「四六時中，何かを探していますね。それはコレクションのためだけじゃなくて，ショップごとの戦略や，会社が向かうべき方向性を決めるのもデザインの方向性だからです」
>
> 「クリエイションとビジネスは別のものではなく，同じ一つのもの」
>
> 「自分が作ったものに最後まで責任を持つということは，ビジネスにも責任を持つということだと思います」
>
> 「黒は好きだし，自分の色と思って使ってきました。でも，黒を使えば新しい，黒を使えば売れると誰も彼もが黒を使うことになれば何の意味もなくなります」
>
> 「デザインって何なのかって考えた時に，デザインしないこともデザインなんですね，私にとって。デザインすることがデザインだとは限らない」
>
> 「もちろんかっこいい，新しいものをつくり出したいという感触は持ちたいですが，それ以上に，やはり同じように感じてくれる人が多ければ多いほど，それは仕事としてはうれしいのです」

（出所）「ザ・スタディ・オブ・コム デ ギャルソン」及び「Penプラス」から引用し筆者作成（2021）

●**参考文献**
南谷えり子（2004）『ザ・スタディ・オブ・コム デ ギャルソン』リトル・モア
「コム デ ギャルソンのすべて。」『Penプラス』（2012）阪急コミュニケーションズ
宮副謙司編著（2015）『青山企業のマーケティング戦略』中央経済社
福田稔（2019）『2030年アパレルの未来』東洋経済新報社
フィリップ・コトラー（2017）『コトラーのマーケティング4.0』朝日新聞出版
佐藤尚之（2018）『ファンベース　支持され，愛され，長く売れ続けるために』筑摩書房

平光睦子「デザイナーズ・ブランド」『現代美術用語辞典ver.2.0』
　　https://artscape.jp/artword/index.php/%e3% 83% 87%e3% 82%b6%e3% 82%a4%e3%
　　83% 8a%e3% 83%bc%e3% 82%ba%e3% 83%bb%e3% 83% 96%e3% 83%a9%e3% 83%
　　b3%e3% 83% 89（2021年1月20日入手）
Rawsthorn, Alice "Designing is so tough, sighs Japan is queen of innovation" Financial
　　Times. fashion, 1993.12.4-5（2021年1月20日入手）
「躍進するコム デ ギャルソンのDNA。」『VOGUE JAPAN』2018年1月28日記事

https://www.vogue.co.jp/fashion/trends/2018-01-28?fbclid=IwAR1o_z3HhAqNI7GBRzlX-
EGmEd9Cj_Qnm0IzSbFY9AgmzD0oXJDqxTvHA5Sk（2021年 1 月20日入手）
『マイナビ2021』記事
https://job.mynavi.jp/21/pc/search/corp212518/employment.html（2021年 1 月20日入手）

第 **2** 章

ヨックモック

Summary

　ヨックモックといえば，くるっと巻いた焼菓子のシガール®を知らない方はいないであろう。ヨックモックは2019年に設立50周年を迎えた菓子小売業界の老舗ブランドである。長きにわたってお菓子のギフトを通じて人と人とのつながりを作ってきた本ブランドは，世代を超えてギフトとして贈り，贈られた方がまた誰かに贈る，といった循環の中でコミュニティを形成してきた。何よりその特徴的な形，ヨックモックというネーミング，誰もが好きになる高級感のある缶入りのパッケージといった製品特性を百貨店チャネルで存分に生かし，ブランドを確立してきたと言えよう。

　ギフトを贈る，贈られるといったギフト習慣を浸透させ，さらにヨックモックファンのコミュニティを持ち，50年間ブランドとして続けていくことで，世代を超えたファンコミュニティも持っているのがヨックモックのコミュニティ型マーケティングの特徴と言える。

Key Words

ロングセラーブランド，定番継続と新規挑戦，ギフトコミュニケーション，
ポジショニング，百貨店チャネルとリソース

Data

事業内容：洋菓子の製造小売
創業：1969年
年商：185億円（2018年度）

※　本章の当該企業の事例研究の記述について，企業概要や展開の現状に関しては，企業担当者へのインタビュー及び一般に入手可能な公開情報に基づき記述している。本研究へのご理解，インタビューなどのご協力に対し，この場を借りて心より感謝申し上げる。なお，取組みの評価や今後の展開に関しては，筆者の考察に基づくものであり，当該企業の見解ではない。

▶ 1 はじめに

バターをふんだんに使ってくるっと巻いた焼菓子と聞いて，多くの方が連想するのが，ヨックモックのシガール®ではないだろうか。口にした瞬間のサクサク感やバターの風味が口いっぱいに広がる感触に，ファンの方も多いことだろう。

写真2－1　ヨックモックの商品とパッケージ

（出所）ヨックモック社提供

1-1　50周年記念キャンペーン

ヨックモックが2019年に設立50周年を迎え，それを記念したキャンペーンが展開された。記念して創設された特設ウェブサイトでは，これまでの企業の軌跡や商品の歴史，各店舗などで開催される限定商品などの情報が紹介された。

また，「I LOVE YOKUMOKU」と題して，お客様とヨックモックの〝はじめて″エピソード，ヨックモックのここが好き！といったエピソードが数多く掲載された。エピソードには「父親が後輩の結婚式の引き出物で持ち帰った時からで，今は青山のショップで亡き母とお茶したことを思い出します」といっ

た60代の方の投稿や「シガール®が大好きだった子ども時代，一缶を家族で分け合うのではなく，自分ひとりで全部食べるのが夢でした」といった若い方の投稿まで，ヨックモックと様々な世代のお客様との微笑ましい内容ばかりであった。これだけを見てもヨックモックが50年間の長きに亘って，たくさんの方の記念日や思い出に寄り添ってきたことが伺える。

　また，この周年キャンペーンで「ヨッ具モッ具」という文房具を限定販売した。この洒落の利いた施策はSNSでも話題となり，先行発売分は即日完売するほどの人気を博した。

▶2 ヨックモックの概要

2-1　事業概要

　シガール®をはじめとしたヨックモックブランドを展開するヨックモックは千代田区に本社を，港区青山に本店を置く，洋菓子の製造小売業である。

　ヨックモックは2009年10月に持ち株会社制となり，株式会社ヨックモックホールディングスの傘下となっており，グループ会社には工場運営を行う株式会社ヨックモッククレア，米国で菓子販売を行うYOKUMOKU OF AMERICA INCなどがある。本章では洋菓子製造小売を展開するヨックモックについて述べる。

2-2　沿革

(1)　シガール®の誕生とヨックモック創業

　ヨックモックは1934年に藤縄則一が兄弟で創業した藤縄商店が母体。戦後，中小メーカーとしていち早くチョコレートの生産に奮闘し，大手メーカーが量産体制を整備し攻勢をかける中，手間のかかる商品の機械化に着手することで成長を遂げてきた。しかし，1960年代に入ると中小メーカー商品の流通を担う

小売店がスーパーマーケットに凌駕されるにつれて業績は低迷。そこで，則一は洋菓子業界で生き抜く方法を模索することになる。その過程でラングドシャというクッキーに出会い，それを高級感のあるギフト商品にできないかという思いに至った。試作を重ねる中で，フランス画家の作品で見かけた葉巻状の菓子から着想を得たクッキーを開発する。これが今日も多くの人から愛されている，大ヒットロングセラー商品の「シガール®」である。

1969年8月に株式会社ヨックモックを設立した。「ヨックモック」とはスウェーデンの首都ストックホルムから北へ約800kmの森と湖に囲まれた小さな町の名前（JOKK MOKK）から取っている。綴りは日本人に馴染みやすいように「YOKU MOKU」と変えて社名とした。

同年11月には日本橋三越に1号店をオープン。売れ行きは予想以上となり，1年で17店舗まで拡大。発売当時は，人間の手で焼き上げた生地をひとつひとつつくるっと巻いたシガール®だが，急成長に伴い，10年かけて機械化を進めた。工場は現在，日光・鹿沼・東京・厚木にある。

(2) 青山本店とブルーブリックラウンジ

順調に成長を遂げる中で，則一には「直営の店舗を設け，できたてのお菓子とまごころのこもったサービスを提供する」という長年の夢があった。その夢を叶える場所として当時紹介されたのが，港区青山だった。欧州のカフェテラスにインスピレーションを受け，「お客様への感謝の気持ちとして，ゆとりとくつろぎの時間を提供したい」というコンセプトで，青山本店が誕生。生き生きとした都会の空気が流れ込んでくるような開放感と，そこでお菓子が紡ぎだすゆとりの時間を実現しようと，中庭を持つ喫茶室を構想し，中庭をコの字型に囲むというアイデアが形となった場所である。

1978年3月に社屋が完成し，同年4月末に青山本店として売店と喫茶室（現：ブルーブリックラウンジ）がオープンした。その後青山本店は2016年8月にリニューアルを完了し，現在もヨックモックらしさを体験できる場として多くのヨックモックファンの集まる場所となっており，旗艦店としても大きな

役割を果たしている。

　筆者もブルーブリックラウンジで季節限定のメニューとコーヒーで喫茶したが，高級感のあるテーブルとイス，白を基調とした落ち着いた内装，行き届いたスタッフの対応とすべてが揃っており，優雅なひとときを楽しめる空間であった。まさに則一が目指していたゆとりとくつろぎの時間を体感できる場所となっていると感じた。

写真2−2　ヨックモック青山本店

（出所）ヨックモック社提供

　また，この本店とラウンジは青山という立地を生かし，ヨックモックのファンをさらにファンにしていることはもちろんだが「高感度な顧客層を接客し，その顧客層が反応を明示し，フィードバックを行うこと」（宮副，2015）で，少なからずヨックモックの商品開発などのクリエイティビティに良い影響をもたらしていると考えられる。

(3)　海外進出へのチャレンジ

　1980年代に入ると，海外展開を積極的にチャレンジしていった。1986年に米国カリフォルニアのビバリーヒルズの高級百貨店など3店舗を出店。以来米国国内で百貨店チェーン「ニーマンマーカス」を中心に展開を拡げた。米国での

出店は当時，日本のビジネスマンやエグゼクティブにも世界に通用するお菓子として印象づけたと言っても過言ではないだろう。米国国内だけで現在29店舗を有している（2020年3月末現在）。

2011年6月には海外初の路面店を台湾にオープン。2012年2月には海外初のレストラン「Blue Brick Bistro」を併設した店舗を香港にオープン（現在は閉店）し，百貨店での小売販売だけではない，その国の文化に合わせた展開も行ってきた。2012年～2017年に展開したUAEをはじめ，インド，シンガポールと新規出店を行い，米国で29，それ以外の国・地域で26（2020年3月現在，常設のみ。期間店舗除く）の店舗を持つ。

(4)　新たなビジネスモデルの模索

1998年からはヨックモックが持つ技術力を生かした新たな取組みを開始。テーマパークのお土産品の企画開発・製造の受託や様々な企業と協働するOEM事業，2011年からは，コンビニエンスストアをはじめ，スーパーマーケットなどのプライベートブランド商品も手掛けている。

(5)　ヨックモックに続く，新ブランドの創出

また，近年においてはヨックモックに続く新ブランド創出への挑戦を続けている。2004年8月，和の雰囲気を感じさせる洋菓子ブランド「Wa・Bi・Sa」（後にWA・BI・SA）を発売（現在休止中）。ブランド名は和文にすると「和美　然」。「和の心」「美の形」「然の美味しさ」を持った繊細で新しい洋菓子をお届けしたい，という想いを込めたネーミングとなっている。

2006年にはフランスで「アンリ・ルルー」ブランドを展開するLe ROUX SARLを買収し，フランスと日本で事業を開始（現在は事業売却済）。2009年には生菓子を得意とする洋菓子店クローバーをグループ会社に加え，ヨックモックの焼き菓子製造の強みとクローバーの生菓子製造の強みをそれぞれ活かした商品開発を行っている。

2015年にはフレンチのミニャルディーズに発想を得て，良いもの・好きなも

のを少しずつ楽しめるミニャルディーズ専門店の「UN GRAINアン グラン」をオープン。2018年度の接待の手土産ランキングで特選に選ばれるほどの人気である。

▶3　ヨックモックのマーケティング戦略

3-1　製品戦略

　まず，製品の強みとしてあげられるのは，シガール®を中心とした焼菓子の素材のすべてがこだわり抜いたものであることだ。北海道産バターを惜しみなく使い，成形できるギリギリの量で薄く焼き上げることでその風味と味わいを実現している。さらに，砂糖は洋菓子の主流であるグラニュー糖をあえて使わず，日本の家庭でよく使われている上白糖を使っている。あっさりとした甘さのグラニュー糖に比べ，上白糖はしっとりと水分が多く，濃い甘味が特徴。この砂糖を使ったことで，独特のしっとり感とコクのある甘みが表現されている。この上白糖が織りなすしっとり感と甘みが，日本人にとっては非常になじみやすく，様々な世代の方に好まれている理由であろう。

　量産にあたっては独自で機械化に取り組み，機械設備の多くがヨックモック特注というこだわりようである。他社がヨックモックの製品を模倣しようとして，近しいものが作れたとしても，機械設備が特殊であるが故に，模倣したものを量産化することはなかなか困難であろう。

　また，発売当時，シガール®のような形状のお菓子は存在せず，非常に画期的であったことに加え，当時から人気のあったブランドの高級感を体現するデザイン缶がある。食べ終わった後も様々な用途に活用している方が多いと言われるデザイン缶は，現在3代目で，50周年キャンペーンでは2代目の麻柄と木蓮をモチーフにしたデザインの復刻版も発売された。

　ヨックモックのプロダクトとしての魅力は，その味と食感による馴染みやす

さと，缶に入っていることでの高級感。また，50年間続くブランドとしての知名度など，ギフトする際に安心して選べるバランスの良さを兼ね備えていることにある。また，それらが他社には真似できないということも強みと言えよう。

写真2－3　初代デザイン（1969年～1974年）30周年キャンペーンで復刻

（出所）ヨックモック社提供

写真2－4　2代目デザイン（1974年～1991年）50周年キャンペーンで復刻

（出所）ヨックモック社提供

3-2　価格戦略

洋菓子業界ランキングで上位の会社のブランド及び商品をその用途がおそら

く近いと思われるものを一覧にして比較を行ってみた（**図表2－1**）。条件はいずれも焼菓子で個包装，ギフト対応が可能な箱詰めされた状態の商品とした。

図表2－1　個別包装のクッキー（焼き菓子）　商品群一覧

No	会社	ブランド	商品名	枚数	価格（税込）	1枚あたり価格	詰合せラインナップ（フレーバー，他クッキー類との組み合わせ含む）	缶入り	主な品目
1	ユーハイム	ユーハイム	ユーハイムリーベヘン30	74	3,240	43.8	5		ラングドシャ
2	石屋製菓（石屋商事）	白い恋人	白い恋人54枚入り ホワイト	54	3,996	74.0	9	○	ラングドシャ（サンドクッキー）
3	銀座コージーコーナー	銀座コージーコーナー	小さな宝もの（44個入り）	44	2,160	49.1	2		クッキー，パイ
4	メリーチョコレートカムパニー	メリーチョコレート	サヴールメリー29枚	29	2,160	74.5	4		クッキー
5	モロゾフ	モロゾフ	モロゾフファヤージュ　36枚	36	3,240	90.0	8		サンドクッキー
6	シャトレーゼ	シャトレーゼ	森のともだち25枚どんぐりの森18枚	43	1,436	33.4	1		サブレ
7	シュゼット	アンリ・シャルパンティエ	クレームビスキュイ10枚入り	10	1,080	108.0	4（フィナンシェとの組み合わせ含むと12）		サンドクッキー
8	ヨックモック	ヨックモック	シガール®　48本	48	3,240	67.5	23（単品含む定番商品数）	○	ラングドシャ
9			ドゥーブルショコラオレ	22	1,296	58.9			
10	ゴディバジャパン	ゴディバ	ゴディバクッキーアソート　32枚	32	3,240	101.25	12		サンドクッキー
11	エーデルワイス	アンテノール	ラングドシャショコラ 20個入り	20	1,080	54.0	10	○	ラングドシャ
12	ロイズコンフェクト	ロイズ	ロイズ　バトンクッキー（ヘーゼルカカオ）40枚	40	1,167	29.2	8		クッキー
13	原田	ガトーフェスタ ハラダ	グーテデスポワール	16	2,376	148.5	2		リーフパイ
14	シュクレイ	東京ミルクチーズ工場	クッキー詰合せ30枚入り（ストロベリー＆ミルクティー）	30	2,916	97.2	3		サンドクッキー
15	BAKE	プレスバターサンド	プレスバターサンド15個入り	15	2,850	190.0	11		サンドクッキー
16	グレープストーン	衣しゃ	衣しゃチョコレートと生成り 48枚入り	48	3,240	67.5	6		ラングドシャ

（出所）各社HPより筆者作成（ヨックモックはヨックモック社提供）2020年4月時点

　食品ギフトの中心価格帯は1,080円～3,240円，中元歳暮ギフトでは3,150円～5,400円と言われており，その中でヨックモックは数少ない缶入りの商品となっている。1個単位でみるとアンテノールやユーハイムより少し割高にはなるが，缶入りの高級なギフト商品としてみると値ごろ感のある設定と言えるのではないか。また，他社にはないヨックモックの特徴としては，様々なギフト需要に対応できる価格バリエーションが挙げられる。シガール®を組み合わせたアソートだけで2,160円～5,400円まで8種類ある。価格帯を全て含めた場合，シ

ガール®やシガールオゥショコラだけの個数違いなどを入れると23種類ものバリエーションがある。他社は多くても12種類程度だ。ヨックモックのこの選択肢の多さは，ギフトを贈りたいというユーザーに対して，カジュアルギフトやフォーマルギフトといった違いはもちろんのこと，贈る相手にとって一番良いと思える商品を選べる点にあるだろう。ちなみに，実際23種類の内，2,700円〜3,240円の価格帯のギフト商品が5種類と一番バリエーションがある。

3-3　チャネル戦略

　ヨックモックは日本橋三越本店への出店から始まり，現在は全国に約200店舗，百貨店の食品売り場を中心に展開している。

　百貨店以外の出店は，東京駅に2店舗，エキュート品川サウス，エキュート上野，ラゾーナ川崎プラザなどがあげられる。百貨店各社に対して非常に強い交渉力を持っており，三越本店や高島屋日本橋店ではフロアの中でもお客様の目につきやすい好立地の場所を確保している。長年にわたって，百貨店での実績を積み上げ，信頼を獲得してきた賜物であろう。また，百貨店の食品フロアだけでなく，百貨店の外商リソースを活用し，中元歳暮ギフトカタログ掲載や百貨店外商営業マンが全国で法人や富裕層にも営業を行っている。実際，ヨックモックは百貨店各社の中元歳暮ギフトランキングで上位の常連だ。

　また，2000年からはECにも取り組んでいる。自社オンラインショッピングサイトを運営しており，店頭でのサービスと同等に熨斗（のし）やギフトカード，オリジナル包装でのラッピングなどのギフト対応も無料で行っているのが特徴だ。サイト上で実際に配送された際のイメージ写真も載せて丁寧に説明されており，ギフトを贈るユーザーが実際に贈った相手にどのように届くのかがわかるのは贈り主として安心できる。

3-4　コミュニケーション戦略

　ヨックモックにおいて顧客とのコミュニケーションにおいてまずあげられる特徴は，店頭での丁寧な接客である。ギフトを贈る際に安心して任せられる存

在として，スタッフが顧客に対して，冠婚葬祭のマナーに基づいた包装への対応，贈り方などの的確なアドバイスを行っている。仮に初めてのシーンで贈り物をするようなことがあっても安心である。そのような対応を受ければ，贈り主は自ずとヨックモックを贈れば，相手は間違いなく喜んでくれるだろうという確信を持てるだろう。

ちなみに，百貨店の店舗の多くは百貨店社員が運営している。ヨックモック社員が従事している店舗は一部の売上の大きな旗艦店や首都圏地域だけである。しかし，どの店舗でも一律で丁寧な接客を受けられるのが特徴だ。自社社員には専門の販売能力開発部門の研修，委託販売先にはブランド理解のために工場見学や青山本店・現地での研修を随時行っている。また，販売の基本的な教育は各百貨店が独自で行っているが，売り方や商品理解については営業担当が適宜フォローするといった形でそれぞれのスタッフに対して，ヨックモックの理解を深めてもらうための体制を整えている。

テレビをはじめとしたマス広告は展開せず，百貨店の食品売場へ出店し，その認知を着実に広げていった。発売開始当時から特徴的だったのは高級感を体現したデザイン缶である。

また，1年を通じてギフトを贈るイベント（中元，歳暮，クリスマス，バレンタイン，母の日など）に合わせて，季節限定のフレーバーや商品の組合せ（アソート），パッケージとなるデザイン缶，包装紙といったものを積極的に展開している。それら限定商品やキャンペーンのPRを中心にWEBマガジンなどへの記事化や店頭でのPOPや店頭スタッフからの声がけ，さらに，オンラインショップのデジタル広告や会員向けメールマガジンを展開している。日本全国の百貨店のほとんどを網羅し，かつ50年以上も続くブランドであり，何かしらの場面でヨックモックとの接点はあったという方が多いであろう。そういった意味でヨックモック自体の認知度は極めて高いものと推測できる。

そのため，ヨックモック自体の認知を図る施策よりも，特定のイベントのギフトで，A：何にしようか迷われている方，B：どうやって贈ったら良いか悩んでいる方，C：ヨックモックのファンで新しいパッケージが出たら買いたい

図表2－2　特定のギフトシーンのキャンペーンにおけるマーケティング戦略（一例）

認知度	行動タイプ（例）	コミュニケーション方法（例）	マーケティング方針
認知高	A：何にしようか迷われている方	オンラインストア 特集ページでは，「シーン別でさがす」，「迷ったらコレ！」「ご予算でさがす」といった自分の検討状況に応じた解決策の提示	店頭での購買体験に限りなく近い提案を行うことで購買の一押しにつなげる
	B：どうやって贈ったら良いか悩んでいる方		
	C：ヨックモックのファンで新しいパッケージが出たら買いたい方	SNS フェイスブック：ファンが喜びそうな最新情報を発信 インスタグラム：シガールなどの商品と生活の1シーンを想起させるクリエイティブな写真の投稿	ギフトを贈ることに対する想起よりも，ヨックモックの新たな魅力に気づいてもらうことを重視
認知低or未	D：ヨックモックの商品価値を理解していない方	WEBバナー広告など 広告メッセージでヨックモックの魅力と共にオンラインや店頭への購買誘引につなげる	ヨックモック自体の商品魅力を伝え，新たな客層を獲得する
認知関係無	F：ギフトを贈る予定がない方	WEBバナー広告，ブログ，店頭キャンペーンなどギフトを贈るイベントを絡めたキャンペーンの告知	ギフトを贈る行動自体の想起により，購買機会を増やす

（出所）筆者作成（2021）

方の大きく3つのターゲット層に対して，ヨックモックを選んでもらえるような，つまり，最後の一手を打つためにコミュニケーションを行っていると言える（**図表2－2**）。

▶4 ヨックモックのコミュニティの つくり方・活かし方

4-1　ギフトによる人間関係づくり，コミュニティづくり

　ヨックモックの企業活動は従来の捉え方では「製品」を提供しているわけだが，コミュニティマーケティングの観点で言い換えるならば，対象顧客の生活を豊かにするような「コト」（ある状態，あるいはサービス）と捉え，ギフトを通して人と人とをつなぐというコンセプトを持って製品作りやマーケティング活動に取り組んでいると言えよう。顧客の立場からすると，それはギフトを贈る・贈られる機会によって自身の人間関係を構築することのサポーターとなってくれる心強いブランドがヨックモックであるとも言える。

4-2　ギフト＝顧客から顧客への販促とも捉えられるコミュニティ化効果

　ここまでのマーケティング戦略をそれぞれ振り返ってみても，ヨックモックがギフトを贈りたい人に対して，百貨店というチャネルを生かし，美味しく高級感があって，適切な価格で，顧客が安心してギフトを選べる場を提供していることがわかる。そのひとつひとつがきめ細かで丁寧な施策であり，多くの顧客にギフトを贈ることの喜びを提供してきたのであろう。ギフトを贈られたことでヨックモックを知った人（例えば子ども，親戚，ビジネスパートナー，友人）が今度は自身が贈り主となってヨックモックを想起し，誰かにヨックモックを贈る，そしてまた，そのヨックモックを贈られた人が贈り主になる…といった循環が起こり，ヨックモックを選べば間違いなく喜んでもらえるという安心感が日本中に伝播していったのであろう。

4-3 缶パッケージが促進する顧客の会話からのコミュニティづくり

ヨックモックを贈った顧客と贈られた相手がヨックモックのパッケージやお菓子そのものに対して好評価を抱く。贈られた相手は，パッケージ（缶）を家庭やオフィスの中で道具箱などにリユースすることで，自然発生的にこの素敵な缶はどこで買ったの？　という会話が家族や同僚の間で起こる。また，一度でもヨックモックを食べたことがあれば，その食べた時の美味しかった記憶が蘇る。そうして，その家族や同僚がヨックモックを買いに行く，誰かに贈るといった顧客同士でヨックモックの話題が至るところで起こるといった共感の連鎖がみられるようだ。

4-4 ヨックモックが教える「クッキーレシピ本」

ヨックモック商品開発グループメンバー：佐藤千城さんが，家庭で作りやすいクッキーレシピを考案し，材料，配合や作り方を具体的にわかりやすく紹介する本を2015年に刊行した。家庭でのクッキーづくりを通じてヨックモックへ

写真2−5　コミュニティ化を促進する缶パッケージとクッキーレシピ本

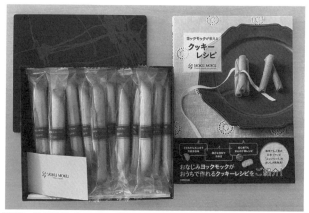

(出所) 筆者撮影（2021年3月）

の親しみも増し，プライベートなギフトも促している。

4-5　50周年記念「ヨックモック体験の共有化」 プロモーション

　ヨックモックはこれまで百貨店を通じて販売をするという形，つまり接客としての接点はあったが，お客様と商品以外，例えばSNS等で積極的にコミュニケーションを直接とってはこなかった。そんな中で展開した50周年キャンペーンの「I love YOKUMOKU」は多くの方の胸の中にあった，ヨックモックをギフトにしたことや家族と一緒に食べた思い出が可視化され，その内容がウェブサイトやSNSを通じて共有されていくことで，お客様間で共感してもらう仕掛けを実現できた。

　ヨックモックの社内ではこのような50周年キャンペーンの評価はどうだったかを聞いてみた。マーケティング担当者の島倉氏によれば「何かのプロジェクトを推進していく際には，それぞれの部門でアイデアを出し合っていきながら内容を決めていくようなケースが多い。ひとりのカリスマが組織を進めていくというスタイルよりもみんなで進めていこう，という風土が根強い。社のビジョンにおいても，そのプロジェクトや企画において，人をしっかり巻き込めたか，お客様の期待を超えているか，そのために頑張れたのかどうか，といったことが評価の判断基準となっている」とのこと。ヨックモック社内では，多くの企画が現場発案で実現に至ることが多く，販売，営業，マーケティングといった部門それぞれが責任を持って，アイデアを発案できる風土が醸成されていると言えるだろう。

　筆者の私見ではあるが，50周年キャンペーンは顧客との接点を可視化した点はもちろん，その先の顧客とのコミュニケーション戦略を立案・推進するための材料を手に入れることができたという点で非常に評価できるキャンペーンだったのではないだろうか。

5 戦略展開の評価

　2018年度の流通系洋菓子の市場規模は２兆2,907億円であり，チャネル別の構成で見ると，百貨店が17％，量販店・スーパーが34.8％，専門店・路面店が8.0％，CVSが23.4％，空港が3.6％，駅関連が3.5％，通販が2.0％といった内容である。ヨックモックの中心のチャネルは百貨店であることから，百貨店チャネルで販売している企業を競合と置いた場合，市場は約3,894億円と推定される。

　ヨックモックの年商は約185億円で，全体の約５％程度となる。この市場全体にはヨックモックのような焼菓子だけでなく和菓子や洋生菓子も含まれることと，また業界トップと言われる寿スピリッツの売上高が451億円（2020年度）と考えると決して５％のシェアでも低くない，むしろ高いシェアを維持しているといえるのではないか。

5-1　ギフトのポジショニング確立による商品ブランドの浸透

　百貨店などの売場では，実際にその場で商品をガラスケース越しに見た上で，いくつかの店舗を比較検討して購入するといった購買行動が中心となるであろう。例えば，百貨店でギフトを選ぼうと考える消費者は多くの選択肢の中からブランドを選ぶということを毎回行っているはずである。つまり，企業側としては百貨店などの売り場で常に横並びで他社と比べられている環境に置かれ，そのような状況で自分たちを顧客に選んでもらわなければならない。それはつまり，ブランド力の強化，店頭での販売促進など，購買までのプロセスにおいて，相応のマーケティング活動が必須となるであろう。

5-2　激変する菓子スイーツ市場での生き残りと定番化

　また，洋菓子業界でもうひとつの特徴として言えるのが，毎年のように行列ができて大ブームとなるような品目がでてくることであろう。平成の30年間を振り返っても，ティラミス，パンナコッタ，マンゴープリン，マカロン，グレ

イズドーナツ，ショコラティエ，チーズタルト，最近ではタピオカなど，品目としてはその大ブームを経て定番として残っているものも多いが，最近見なくなった事例も多い。確かに，流行に乗って品目を増やし売上を伸ばす企業は多いが，ヨックモックはそういった意味ではこれまでずっと焼菓子を中心としており，ブームのフレーバーだからといってそれをシガールに取り入れることをしてはこなかった。

いずれにしても，多くの競合がひしめき合い，様々なブランド・商品群を展開している市場の中，特に焼菓子において，ヨックモックがブランドとして安定的な地位を築き上げていると言えるのではないだろうか。

▶6　実現要因の考察

ヨックモックのコミュニティは，商品ブランドへの顧客の信頼が長く維持されることで，形成されたと考えられる。

図表２－３　ヨックモックのコミュニティ型マーケティングの全体図（考察）

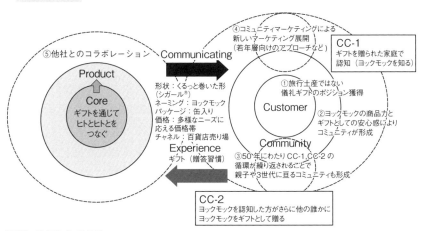

（出所）筆者作成（2021）

これまで見てきた店頭での丁寧な接客，他社にはないパッケージの美しさや高級感，商品の美味しさ，高級感があるのに値ごろな価格設定と多様なニーズに応える価格帯，それらすべてがギフトを通じて人と人をつなげるという信念，言い換えればギフトを贈ろうという大切な瞬間を最大限引き立てようという強い想いで，細部にわたって丁寧にこだわり抜いてきた結果と言える。このきめ細やかな丁寧さと実直さがヨックモックという企業の強みであると考える。消費者のギフト習慣が体験となっており，ヨックモックの価値伝達・提供の重要な活性化要因になっていると考えられる。

CC-1：ギフトを贈られた過程でヨックモックを認知

CC-2：ヨックモックを認知した顧客がさらに他者にもヨックモックをギフトとして贈る

▶ 7 │ 今後の戦略展開の可能性

7-1 主力ギフト需要の拡大と若い世代のギフト機会の促進

ヨックモックは事業のほとんどの売上を百貨店でこれまで稼いできた。視点を変えれば百貨店依存が高く，他チャネルで展開する商品がないことは事業ポートフォリオの観点では弱みと言えるであろう。他のチャネル（量販店等）向けのブランドを発売して育てていくという戦略ももちろん考えられるが，一方で他社には真似できない百貨店での出店条件や外商の販売力など，百貨店のチャネルを生かしたビジネスを引き続き強化していくべきとも言えよう。

他チャネルでのブランド展開，既存（百貨店）チャネルの強化といったいくつかの戦略がある中で，ギフトを通じて人と人とをつなぐというコンセプトを実現し続けるために，ギフト初心者を新たなターゲットとして，特にデジタルを中心としたチャネルを強化していくという戦略を中期的に注力していくのはどうだろうかと筆者は考える。

実際のヨックモックの取組みとしても，Facebook（2016年～），Instagram（2018年～），Twitter（2020年～）などデジタルでの接点づくりと，継続的な関係活性化を進めている。さらに若者向けの新しい商業施設で体験型のイベントプロモーションを展開し，百貨店チャネルに依存しない，新たな客層の価値伝達を強化している。

7-2　若い世代に新しいギフト習慣づくり

特にコロナ禍の世界で，消費者の購買行動そのものが急激に変化しなければならなくなり，ギフトの購入の仕方から，贈り方においても変化があったことは間違いないであろう。これまで店頭で体験できた価値と同等もしくはそれ以上か，それとは異なる形での新たな体験をデジタルの世界や様々なチャネルで実現していくことがギフトにおいてもより重要と言えよう。

▶ 8　ヨックモックのコミュニティ型マーケティングからの学び

8-1　ギフト需要による地位確保・価格安定・顧客から顧客への販促という高価値での好循環

ヨックモックのコミュニティ型マーケティングは長年にわたり，強いプロダクト（他社には真似できない味，形状とパッケージデザイン）とマーケティング環境の整備（百貨店のチャネル，接客を中心としたコミュニケーション，他社よりもお得感のある価格設定，価格バリエーション）によって，顧客間でその信頼感が広まり，ギフトとしての圧倒的な地位を確立してきたと言える。コミュニティはギフトを贈る，贈られるといった習慣の中で，顧客間で培われてきたものと言える。

8-2 長年のブランド継続性—世代をつなぐコミュニティの形成へ

先に見てきたように，洋菓子業界では新しいブランドが出ては消え，生き残るのが非常に難しい。ヨックモックが他社と比較して魅力的ではなかったら，ここまで長きにわたって顧客の間で広まることもブランドとして生き残ることもなかったであろう。ヨックモックはこれまでは職場や家族間での実際のコミュニティの中に溶け込んでいたが，これからはその中で生まれた共通の想いや体験を共有したり，可視化することでより大きなコミュニティを形成し，ますますヨックモックが彼らにとって欠かせないブランドとなっていけるのではないだろうか。

●参考文献

D.Aアーカー（1994）『ブランドエクイティ戦略』ダイヤモンド社

D.Aアーカー（2000）『ブランド・リーダーシップ—「見えない企業資産」の構築』ダイヤモンド社

トム・ダンカン他（1999）『ブランド価値を高める統合型マーケティング戦略』ダイヤモンド社

恩蔵直人他（2009）『顧客接点のマーケティング』千倉書房

宮副謙司編著（2015）『ケースに学ぶ青山企業のマーケティング戦略』中央経済社

矢野経済研究所（2020）『2020年度版　菓子産業年鑑〜和・洋菓子，デザート編〜』

矢野経済研究所（2016）『2016年度版　和菓子・洋菓子・デザート類の購入実態調査〜消費者調査〜』

矢野経済研究所（2019）『ギフト市場白書2019』

ヨックモック50周年　ヨックモックの軌跡
　　https://www.yokumoku.co.jp/50th_Anniversary/#section1
2016年8月10日（水）ヨックモック青山本店　リニューアルオープン
　　https://prtimes.jp/main/html/rd/p/000000001.000020369.html
大成建設設計ニュースリリース
　　2017.03「ヨックモック青山本店」が第26回BELCA賞を受賞
　　http://www.taisei-design.jp/de/news/2017/03_01.html
平成とはスイーツの時代である！〜平成スイーツ年表
　　https://sweets-banchou.com/?p=626

永遠に人気の手土産！なぜ「ヨックモック（YOKU MOKU）のンガール」は誰からも愛される？

https://precious.jp/articles/-/6230

ヨックモックの1番人気はやっぱり…♡ 味違いもアイスクリームもあるって知ってる？

https://oggi.jp/6047262

業界動向　菓子業界

https://gyokai-search.com/3-kashi.html

和洋菓子・デザート類市場に関する調査を実施（2020年）

https://www.yano.co.jp/press-release/show/press_id/2369

第 **3** 章

ナチュラルハウス

Summary

ナチュラルハウスは，1982年から青山に本社及び店舗を持ち，オーガニック食品及びオーガニック化粧品を製造販売している会社である。CSA*活動と消費者を結びつける「アップルヴィレッジ」というオーガニック普及のための取組みや，オーガニック・ライフスタイルの提案を行っている。80年代からオーガニックの啓蒙・普及活動に取り組んできたが，このライフスタイルの長年の実践者・熟達者へ向けてそれを深めるマーケティングを展開するとともに，常に新しい顧客（潜在顧客）にライフスタイル入門を広めるマーケティングも併せて展開している。

このような2つの顧客層へ向けたマーケティングを同時に行い，顧客コミュニティの形成，育成，維持に取り組み，企業として持続し発展している。

*CSA：Community Supported Agriculture ＝ 地域支援型農業

Key Words

オーガニック・ライフスタイル，入門者と熟達者，
CSA消費者と生産者の関係，生活提案，情報発信から顧客参画へ

Data

事業内容：オーガニック食品及びオーガニック化粧品等の製造販売
創業：1982年
年商：28億円（2019年度）

※　本章の当該企業の事例研究の記述について，企業概要や展開の現状に関しては，企業担当者へのインタビュー及び一般に入手可能な公開情報に基づき記述している。本研究へのご理解，インタビューなどのご協力に対し，この場を借りて心より感謝申し上げる。なお，取組みの評価や今後の展開に関しては，筆者の考察に基づくものであり，当該企業の見解ではない。

▶ 1 はじめに

　ナチュラルハウス青山店は，表参道駅から徒歩1分の立地にある，青山通りに面したオーガニック食品・化粧品販売の専門店である。

写真3−1　ナチュラルハウス青山店外観

（出所）ナチュラルハウスHP　https://www.naturalhouse.co.jp/company/（2019年12月25日入手）

　店舗入口から，青果エリア，生鮮食品及びグロッサリーエリア，化粧品・ヘアケア・ボディケア製品やサプリメントのエリア，生活雑貨・オーガニックに関する書籍エリア，という店内売場レイアウトになっている。オーガニック基準を分かりやすく説明したパネルを掲示し，製品ごとに産地や特徴などを簡潔に示したポップを掲げているため，入店者は必要な情報を効率良く得ることができる。

　コミュニティマーケティング活動として，「アップルヴィレッジ」という入会金・年会費無料の会員向けに，オーガニックライフに関する講座や，協働生産者を訪ねるCSAツアーを開催している。「アップルヴィレッジ」は，「生産者とお客様が協働で創る持続可能な日本のオーガニックコミュニティ」で，生

産者は「ナチュラルハウスと手をつなぎ，理念を共有する自然のアーティスト・マイスター」であり，「生産者とお客様が想いとフェアトレードでつながる循環型コミュニティ」である，と定義されている。

　2020年の新型コロナウイルス感染が拡大する前は，オーガニックライフに関する講座・店頭イベントとして各店舗において月に数回のペースで開催されていた。試食・試飲会の他に，ワークショップとして甘酒の手づくりなども行われていた。「日焼け止め＆虫除けクリームづくり」といった子供が参加できるイベントもあった。参加費は無料から1人あたり1,000円程度に設定されているものが多く，気軽に参加できるようになっていた。

写真3－2　神戸店　生産者による味噌についての講座

（出所）マルカワみそHP　https://marukawamiso.com/blog/?p=4985（2019年12月25日入手）

　2020年の新型コロナウイルス感染拡大以降は，基本的に店頭でのイベントは開催しておらず，オンラインでのイベントに切り替えて実施している。参加者を事前に募って，実演に使用するサンプルを送付し，オンラインでも実物を体験できる様にしている。オンラインで実施することで場所の縛りがなくなったため，参加者が各地から参加するようになっている。

　日本国内で先駆けとして実施しているCSAツアーは，「オーガニックの生産と顧客を結びつける媒介として，日本のオーガニックを日本のライフスタイル

にしたい」という理想の追求の一環であり，CRM活動であると同時に，地域の生産者を支援するという意味においてCSR活動である。具体例として，ナチュラルハウスの代表的な協働生産者である佐藤秀雄さん（山形県）の水田で有機栽培米作りを体験するツアーがある。庄内平野にあるこちらの水田では，30年以上無農薬・無堆肥栽培を実践している。そこでは，有機農法について学び，それが稲や水田にどのような影響を与えているのか実感し，オーガニックが消費者の安全・安心だけでなく，地域の豊かな生態系の保全という意味も持つことを知ることができるようになっている。他に，プレマ赤城ナチュラルファームズ（群馬県前橋市粕川町）での小松菜の生育過程を見学し，収穫を体験して自然農法について学び，実際に食してその健康効果についても学ぶことができるCSAツアーもある。

　理念に共感する生産者とナチュラルハウスが手をつないで生産・販売し，それに共感する消費者が顧客となって恵みを享受し，購買を通じて生産者を支え，時に生産者と触れ合ってフィードバックも行うなどし，循環型コミュニティの一員として参画している。

写真３－３　CSAツアーの様子

（出所）ナチュラルハウスHP　https://www.naturalhouse.co.jp/members/（2021年３月29日入手）

写真3-4　協働生産者（一部抜粋）

全ての生命が愛し合って幸せに生きる地球に!!

飯野 晃子（プレマオーガニックファーム）
群馬県前橋市粕川町
主な商品：有機こまつな

自然を守ることがわたしの大地の想いだべさ。

今城 正春
北海道上川郡
主な商品：有機栽培大豆、トマト、パン

おいしくて安全で食べて頂く皆さんが元気になるトマト

澤村 輝彦
熊本県宇城市
主な商品：トマト

余分な肥料を少なくして育てたかぶです。

飯田 幹雄
千葉県香取市
主な商品：かぶ

野菜は「土」が作る!! その土を作るのが俺の仕事！

加瀬 嘉男
千葉県香取市
主な商品：有機大根、有機人参等

なまら甘いべさ！食べてみればいいっしょ！

相内 賢悦（相内農園）
北海道空知郡中富良野町
主な商品：有機とうもろこし、有機じゃがいも、有機玉ねぎ

（出所）ナチュラルハウスHP　https://www.naturalhouse.co.jp/about/ （2021年9月1日入手）

写真3-5　リアル・オーガニック・ライフ講座の様子

（出所）ナチュラルハウスHP　https://www.naturalhouse.co.jp/members/ （2021年3月29日入手）

▶ 2 | ナチュラルハウスの概要

2-1 企業概要

⑴ 提供する製品・サービス

　ナチュラルハウスが提供する製品は，オーガニック青果，オーガニック食品及びオーガニック化粧品である。サービスとしては，定期的に行われるパン作り教室などのイベント，生産者を訪問するCSAツアー，「リアル・オーガニック・ライフ講座（マクロビオティックなどの健康法）」及び「ベビーサイン教室（育児教室）」がある。

⑵ ビジネスモデル

　オーガニック食品及びオーガニック化粧品の製造販売を行う会社であり，オーガニック青果及びオーガニック食品を生産者から直接購入し，消費者に販売している。社内基準をクリアした生活雑貨（家電を含む）の販売も行っている。加工食品及び化粧品のPrivate Brand製造販売にも力を入れている。化粧品は創業当初から自社工場を持って製造していたが，現在はオーガニック認証を取得した契約工場でのOEMに切り替えている。

2-2 沿革

　ナチュラルハウスは，洋菓子メーカーであるコンフェクショナリーコトブキ（創業：1947年，本社：神戸市）の自然食品部門「ナチュラルマート」（1978年オープン）を前身とする企業である。日本で最初の自然食品専門店のチェーン展開であった。

　1982年に分社化して東京・青山に進出し「株式会社ナチュラルハウス」となり，当時のコンフェクショナリーコトブキ会長であった白川篤氏が社長を兼任した（日経産業新聞1983年4月12日）。

翌年の1983年から「自然化粧品」，1987年には「減塩食品シリーズ」，1988年には「アレルギーに配慮した食品シリーズ」を発売した。2004年からは生産者と消費者をつなぐ取組みとして「CSA（産地交流ツアー）」を開始し，2005年以降はオーガニック・エコロジカルなイベント「アースガーデン」（アースガーデン・オフィスが運営 http://www.earth-garden.jp/）などに参加している。

現在は，首都圏を中心に13店舗を展開している。1978年，東京の自由が丘に初めて開店（現在はない）して以来，1980年には神戸元町店，1981年の東京・下北沢店に次いで，4店目が現在の本店である青山店であった。

自由が丘や青山に出店した理由について，コンフェクショナリーコトブキの当時の健康食品開発部担当者は，「こうした商品（自然食や健康食）を理解してくれるのは，教養が豊かで，所得の高い人々だから」とコメントしている（日本経済新聞1982年4月26日付）。

青山店が開店した1982年当時の国内では，最大規模（面積：460平方メートル，取扱品：自然食品をはじめ小麦胚芽油などの健康食品，自然化粧品など約1,800品種）のオーガニック専門店であった（日経産業新聞1982年5月28日付）。

社長は白川洋平氏であり，株式会社コンフェクショナリーコトブキ創業者・細谷清氏の孫にあたる（娘婿・白川筧氏の息子）。生まれは1968年であり，三井物産に勤務した後，1997年に当時実父（白川筧氏）が社長を勤めていたナチュラルハウスに入社し，2000年3月よりナチュラルハウス社長を務める（日経BP 2010年10月29日）。

▶ 3 ナチュラルハウスのマーケティング戦略

3-1 ターゲット顧客

ターゲット顧客は，高感度・高所得の30から50代女性及び20〜30代の自然

派・こだわり派の女性であり，来店客の約9割は女性である（取締役インタビュー2020年）。

3-2　価値の創造（製品戦略）

　主な提供価値としては，美容と健康に関係する高品質なオーガニック商品を幅広く取り揃えており，トータルでオーガニック・ライフスタイルを提案しているということである。

　ナチュラルハウスの製品は，オーガニック青果，オーガニック食品及びオーガニック化粧品である。製品の3つの階層においては，コア（顧客の本質的なニーズを満たす機能そのもの）としてオーガニック青果・食品及び化粧品があり，形態（コアに付随する製品特性，スタイル，品質，ブランド，パッケージなど）としてナチュラルハウス・ブランド名やパッケージがあり，付随機能（アフターサービスや保証など，顧客が価値を認める付加機能）として産地・安全・安心・美容・健康・高品質などがある。

　食品については，コアと付随機能が重要であるが，化粧品については，先2点に加えて形態がより重要な要因になる。そのため，食品については，製品そのものがオーガニックであること及びその付随機能としての産地などが強調されているが，パッケージはスタイリッシュかつシンプルである。一方で，ナチュラルハウスのPB化粧品であるAGE MOIST ESSENCEシリーズ（例：美容液30ml 税抜9,000円）は，パッケージ及びデザインが凝っており非常に洗練されている。

　製品戦略として，青果，グロッサリー，サプリメントなど健康食品，化粧品，生活雑貨と幅広く多くの製品を取り扱うことで，ワンストップを実現している。

　他に，オーガニック・ライフスタイルについて学ぶイベント，消費者がナチュラルハウスの協働生産者の生産現場を訪問するCSAツアー，CSA活動と消費者を結びつけるアップルヴィレッジという会員制度などがある。これらの活動を通して，オーガニック製品だけでなく，ライフスタイルや産地情報といった付加価値を提供している。

3-3　価値の伝達（コミュニケーション戦略）

　ナチュラルハウスは，マスメディアや雑誌などへの広告は行っておらず，ホームページやSNS（Facebook，Instagram，Twitter）を活用したコミュニケーションを行っている。他に，イベントや教室，講座や生産者と消費者を結びつけるCSAツアーなどの活動によって顧客とコミュニケーションを行うというコミュニティ型マーケティングが特徴である。

　第一に，広告については，広告主としてマスメディアを使うマス市場へのアプローチは行われていない。

　第二に，販売促進については，サンプルとして，店頭において新商品や季節商品などの試食ができるようになっている。一例として，オーガニックオラキノノジュース（税込6,264円／900ml）などは，試飲を実施し販売促進を行っている。また，化粧品においては，試用できるように化粧台が設置されている。（ただし，コロナ禍以降は基本的に試飲・試用は中止されている。）

　値引きはあまり行われておらず，毎月変わる特定のおすすめ商品については，会員（アップルヴィレッジメンバー）は５％引きで購入することができる。

　クーポンについては，会員の購入額に応じて全店で使用できるものを発行しいているが，還元率は約１～２％である。

　第三に，人的販売については，店頭での試飲などの際に，製品知識を持ったスタッフが接客して詳細な説明を行い，試飲及び購入を促している（コロナ禍以降，試飲及び試食は当面中止されている）。

　第四に，パブリシティについては，女性誌に記事として掲載されることが多い。『Hanako』『リンネル』『SPUR』『LEE』『オレンジページ』『美的』『CREA』などに掲載されているが，どの記事においても，「美と健康のためのナチュラルフード」や「上質なライフスタイル」といったテーマで取り上げられており，"安全・安心"を前面に打ち出した堅苦しい印象ではない。

　これら雑誌への掲載については，女優やモデルたちの美容の秘訣や御用達のお店として紹介されることが少なくないが，このことは青山という場所に約40

年間店舗を構えてきた大きなメリットであると言えるだろう。

　第五に，クチコミについては，Facebook，Instagram及びTwitterに公式アカウントを開設している。Facebookでは，イベント情報及び写真付きで季節にあった商品情報を投稿している。2020年10月23日現在7,522名が「いいね！」をクリックしている。

　InstagramでもFacebookと同様の情報を提供しており，2020年10月23日現在178投稿，166フォロー及び4,383フォロワーである。

　Twitterでは，レシピの紹介，イベントの告知及び季節に合わせた商品についてのコメントなどツイートしており，2020年10月23日現在977ツイート，2,539フォロー及び3,509フォロワーである。

　第六に，イベントについては，各店舗において定期的に試食会やパン作り教室などのイベントを開催している。青山店においては，「リアル・オーガニック・ライフ講座（マクロビオティックなどの健康法）」など，ミニ・スクール形式での講座・教室を開催している。ただし，コロナ禍以降は基本的にオンラインでのイベントに切り替えて実施している。また，オーガニック野菜・食品の生産者を訪問して，消費者と生産者を結びつけるCSAツアーも開催しており，顧客との関係構築及びオーガニック・ライフスタイルの提案によって，購買行動につなげる試みを行っている。

　第七として，店内の掲示において，ストアコンセプト，商品コンセプト及び商品取扱基準を説明している。ストアコンセプトは，Organic-自然と調和しながら生きる，Local-地産地消で身近な地域をささえる，Sustainable-資源や環境を守りつづける，の３つである。商品コンセプトは，WHOLE TRADE野菜・果物・穀物などの原材料，WHOLE DEAL収穫物をむだなく使った加工品，WHOLE CULTURE地産地消で身近な地域を支える，WHOLE BEAUTY栄養補助食品・化粧品・エコ雑貨，の４つである。商品取扱基準は，食品取扱基準とビューティー取扱基準が定められ，それぞれオーガニック原料を優先して取り扱うこと及び協働生産者の国産原料を優先することなどが書かれている。

　また，コミュニティスペースと情報発信ボードが設置されており，商品価値

を伝えるだけではなく，オーガニックなライフスタイルを初心者にも分かりやすく発信して提案している。約40年間にわたってオーガニックとそのライフスタイルをブレずに発信し続けていていることで，厚い顧客層を形成するに至っている。

図表3－1　青山店店内レイアウト（概略）

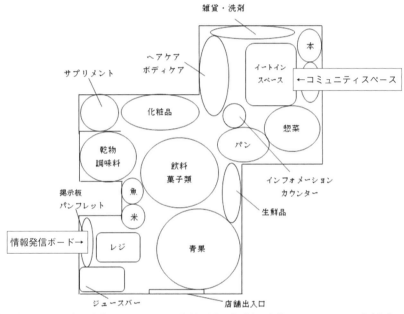

（出所）水野博之（2015）「ナチュラルハウス」（宮副謙司著『青山企業のマーケティング戦略』第8章所収に筆者加筆

3-4　価値の提供（チャネル戦略）

(1)　店舗タイプ

　店舗タイプは，①フラグシップ店としての青山店，②駅ビル店，③路面店，の3つに分けられる。青山店はモデル店という位置づけであり，ナチュラルハウスの理想を追求していて品揃えも最大である。

青山店以外の店舗は，各地域の客層に合わせて内装をデザインしている。駅ビル店は比較的洗練された雰囲気である。

(2) 店舗のスクラップ

分社化当時は4店舗であったが2015年1月時点では30店舗であり，30年間で26店舗増やしたが，その後選択と集中を行い2020年10月時点で合計13店舗（直営店12店舗，フランチャイズ1店舗）にまで減少させている。店舗の集中と選択の背景・理由として，オンラインショップの充実と宅配・配達サービスの強化がある（取締役インタビュー2020年）。

(3) オンラインショップ

オンラインショップで販売している商品カテゴリーは，惣菜，青果，精肉・卵，日配品，パン，菓子，調味料，農産・水産加工品，エキス，コスメ，雑貨となっており，店頭で販売されているものは基本的に購入できるようになっている。2015年1月時点では青果の取り扱いはなかったため，近年オンラインショップを強化していることがわかる。税込7,560円以上の購入から送料無料である。

(4) 宅配・配達サービス

青山店，アトレ目黒店，下北沢店やアトレ吉祥寺店などにおいて宅配・配送サービスを行っている。下北沢店では，日曜日以外の毎日世田谷区全域（一部渋谷区と杉並区を含む）を対象に配達サービスを実施しており，電話やFAXでの注文にも対応している。リアル店舗の強みを活かして，青山店ではサービスエリアを拡大しているほか，アトレ目黒店では，港区・品川区・目黒区・渋谷区内の特定のエリアにおいて即日配達を実施するなど，宅配・配達サービスの強化・充実を行っている。

3-5　マーケティング戦略の全体像

　オーガニック専門店の草分けとして，約40年以上前からマーケティング戦略を実行してきたナチュラルハウスであるが，当初の「安全・安心」から「美と健康」という新たな付加価値を提供するようになったこと，安全・安心な“モノ”を売るだけの活動から，美と健康でオシャレなライフスタイルという“コト”を提案することへと進化を遂げてきた。

　このことの大きな要因として，関西発の企業でありながら青山に本社兼店舗を置くことで洗練された企業イメージの獲得に成功したことがあげられる。

　また，CRMにおけるアップルヴィレッジメンバー会員制度及びCSAツアーは，地域の良識ある生産者を支援し，その製品を購入する顧客と生産者をつなぐ機会を提供している。

　これらの情報発信と顧客との交流により，顧客の層が厚くなってより参画が強化されコミュニティが発展していくという流れになっている（**図表３－２**）。

図表３－２　ナチュラルハウスのコミュニティ型マーケティングの全体像（考察）

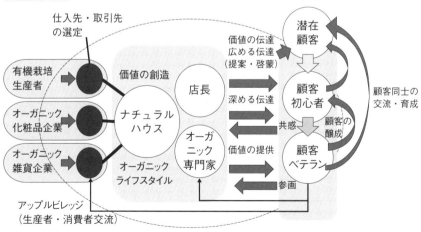

（出所）宮副謙司（2019）をもとに筆者が加筆修正（2021）

ナチュラルハウスの
コミュニティのつくり方・活かし方

4-1 ライフスタイルの提案と啓蒙

　ナチュラルハウス青山店では，オーガニックの価値と意味を初心者にも分かりやすく伝える表示が店内に設置されている。それをきっかけとして，オーガニックについてまずは知ることができる。さらに試食会などの様々なイベントに参加することで，オーガニックについての知識を深めながら，その高い品質を体験していく。さらにCSAツアーなどに参加して，生産者とオーガニック専門家である社員と消費者のつながりに参加し，オーガニックのライフスタイル及び生産者の地域社会と環境保全も含めたより深い理解が得られるようになる。

4-2 顧客の育成

　消費者（潜在顧客）がナチュラルハウスと接する機会は，いくつかのパターンがあるようだ。例えば有名女優やモデルなどが通うオーガニックの専門店として，雑誌やテレビで繰り返し取り上げられていることで認知されるパターンがある。また妊娠など健康と安心・安全の意識が高まるライフイベントをきっかけとして，オーガニック食品に興味・関心を持ち新規顧客になるということが多い。試食などの様々なイベントに参加し，オーガニック専門家である社員と交流することによって，よりオーガニックに対する理解が深まり購入する商品の種類が増えていく。さらに社員との交流を深めていき，よりコミュニティの参画が高まり，ベテラン顧客へと発展していく。

　会員制度としては，アップルヴィレッジカードという入会金・年会費無料の制度がある。特典は3つあり，①半期に一度のクーポンプレゼント（還元率約1～2％），②毎月のおすすめ商品を5％OFFで提供，③協働生産者を訪ねる

CSAツアーなどのスペシャルイベントへの招待（自費参加），である。

4-3　「マイ顧客」制度

　各店舗におけるベテラン顧客は，社員の「マイ顧客」として管理され，日々の購入内容や好みなどが把握され，それにあった提案やサービスを受けることができる。「マイ顧客」は，基本的に複数年にわたって一定額以上を購入する重要なリピーターであり，オーガニック専門家である社員が担当者として付いて，顧客の状況に合わせた接客を受けることができる。

▶ 5 ｜ 戦略の評価

　政府や各種団体などによるオーガニックの啓蒙が行われている欧米と比較して，オーガニックの啓蒙活動と普及率が極めて低い日本においては，顧客への教育と啓蒙が欠かせないため，ナチュラルハウスがコミュニティ型マーケティングを実行して顧客への教育と啓蒙を行うことが極めて重要であると社内で評価されている。一方で，顧客にオーガニックを教育・啓蒙する際には，一般の製品に対するネガティブキャンペーンにならないように，オーガニックの価値を分かりやすく伝えることが重視されている。

　オーガニック食品専門店の大手3社（大地を守る会，らでぃっしゅぼーや及びオイシックス）とナチュラルハウスの違いは，前者がリアル店舗をもたずに主にオンラインショップのみ（一部スーパなどへの出品あり）であるのに対し，後者はリアル店舗での接客やイベント（オンラインを含む）を通じて価値を伝達し生産者と顧客をつなぐコミュニティ型マーケティングを実践していることである。また，コロナ禍以前は，オンラインショップでは青果は扱わないなど注力しておらず，各リアル店舗からの近隣エリアへの宅配は来店リピート顧客の利便性向上のためのサービスという位置づけであったが，現在はオンラインで青果を含めたほぼすべての商品の販売を行っており，リアル店舗も持ちなが

ら，オンラインでも全国展開する，という戦略に転換している。

　店舗数については，特にコロナ禍以降は大幅に削減し，30店舗（2015年1月時点）から13店舗（2020年10月時点）にまで減少させている。そのため，閉店した地域の既存顧客のため及び新規顧客開拓のために，青果も含めて製品を充実させてオンラインショップを強化している。各店舗からの宅配についても，増員してエリアを拡大するなど強化している。オーガニック食品の即日配達は，リアル店舗を生かした活動であり，先の大手3社にはないナチュラルハウスの強みである。

▶ 6 実現要因の考察

　ナチュラルハウスがコミュニティ型マーケティングを実現できている要因は，以下の4点であると考えられる。

　第一に，日本のオーガニック専門店の先駆けとして，オーガニック製品の啓蒙・普及活動に取り組んでいるため，古くからのリピート顧客が多いことである。ナチュラルハウスの前身であるナチュラルマートは1978年にオープンしている。それは，農林水産省による有機農産物などに係る表示ガイドラインの制定（1992年）の14年前であり，有機JASの規格化（2000年）の22年前である。そのような初期から活動を開始して現在まで継続しているため，古くからのリピート顧客を獲得することができている。

　第二に，1982年から青山に本店を置いて約40年間にわたって営業しているので，感度の高い新規顧客を獲得し，イベントなどでリピート顧客に転換していく流れができていることである。また，ナチュラルハウスが青山に出店して以降，その情報発信からオーガニック志向の顧客が青山に集まるようになり，次第に青山においてオーガニックのクラスターが形成されるに至った。それにより，さらに新規顧客につながるという循環が生まれている。

　第三として，オーガニックの特徴と価値を顧客に伝えるプロフェッショナル

な社員を育成する教育を実施していることである。オーガニック製品は一般の
製品と比べて価格が高いが，見た目の差はほとんどないため，価値やストー
リーを顧客に伝えて啓蒙することが重要である。そのために，製品に詳しく，
かつオーガニックについて理解し共感している顧客にそれを伝達することがで
きる社員が必要であり，ナチュラルハウスは社員と生産者を直接つなぐ機会を
設けるなど，社員教育に力を注いでいる。

　第四に，CSAツアーなど顧客参加・体験型のイベントを実施していること
があげられる。CSAツアー参加顧客同士がつながるといったこともあり，顧
客コミュニティ間の情報交換や啓蒙活動に発展していく環境ができている。

▶ 7 今後の戦略展開の可能性

　ナチュラルハウスがコミュニティ型マーケティングを継続することで，オー
ガニックに関心を持つ新たな人々に情報が拡がり，その人々が新規顧客として
加わっていき，オーガニックに対する理解を深めることでリピート顧客として
定着していく可能性がある。

　また，コロナ禍以前は，リアル店舗での接客及び試食会やワークショップ・
講座などのイベントを通じて顧客に各オーガニック製品の背景や価値を伝達し，
使用方法などを提案していく活動に重きが置かれていた。コロナ禍以降は，試
食は中止しワークショップなどのイベントは基本的にすべてオンラインでの実
施に切り替えている。生産者と顧客をつなぐコミュニティ型マーケティング活
動もオンラインで実施している。イベントをオンラインで実施することのメ
リットとして，エリアの縛りがなくなったため，より多くの顧客が参加できる
ようになった。一方で，オンラインでは実際に試してもらうことが難しいため，
ワークショップを実施する際には，事前予約制にして，開催日までにサンプル
を参加者に送付して，当日実際にサンプルを使用しながら参加できるように工
夫している。また，要望や質問などを予め受け付けておき，それに応じた講演

内容にするなどして，より双方向なイベントになるようにして参加者の満足度を高めている。

　これまではリアル店舗での価値の伝達によるコミュニティ型マーケティングを実行することが主であったため，顧客は店舗がある地域に限定されていた。オンラインでの双方向のコミュニティ型マーケティングも実行することで，顧客・コミュニティが全国に拡がる可能性があると考えられる。販売チャネルにおいても，これまではオンラインショップでの青果の取扱いがなく，商圏は限られていたが，店頭で販売されているほぼすべての商品が取り扱われている現在は商圏が全国になっている。

　また，オーガニック専門家を育成する社員教育を継続して行っており，ライフスタイルの提案までできるプロフェッショナル人材がいるオーガニック専門店として，さらに発展していく可能性がある。

▶ 8 ナチュラルハウスのコミュニティ型マーケティングからの学び

　ナチュラルハウスが展開するコミュニティ型マーケティングは，全国各地の生産者及び製品の価値とストーリーを，オーガニックについて詳しいプロフェッショナルな社員が媒介者となって顧客に伝達し，顧客同士のつながりや顧客のオーガニック活動への参加や生産者とのつながりに発展していくものである。

　約40年間にわたって青山に本社を置き，常に日本のオーガニックを牽引する情報発信を行ってきており，日本社会全体のオーガニックの発展に貢献している。オーガニックについて初心者にも情報を分かりやすく伝達し，ベテラン顧客に対しては様々なイベントなどを通じてオーガニックに対するより深い情報とその価値を伝えている。さらに食品だけでなく化粧品なども含めたオーガニック・ライフスタイルをトータルで提案することで，コミュニティの強化と

発展を実現できている。

●参考文献

宮副謙司編著（2015）『ケースに学ぶ青山企業のマーケティング戦略』中央経済社

宮副謙司（2019）「青山学―青山から考える地域活性化論④：青山企業の地域コミュニティ
　戦略」『青山学報』267号，2019年春号，青山学院本部広報部

株式会社ナチュラルハウス
　https://www.naturalhouse.co.jp/company/
Facebookナチュラルハウス公式
　https://www.facebook.com/naturalhouse.apple
一般社団法人　日本オーソモレキュラー医学会 HP 白川社長インタビュー記事（2019）
　https://isom-japan.org/article/article_page?uid=MpJ5H1571478681
環境ビジネスウィメン.TV 第142回『オーガニックマーケットの拡大』
　https://www.youtube.com/watch?v=JT7vas4LR0o

第 **4** 章

アクタス

Summary

アクタスは，湯川美術品株式会社「ヨーロッパ家具：青山さるん」を前身とする青山企業である。1960年代から高級洋家具を輸入販売，北欧カジュアルインテリア「IKEA」も日本に導入した。

その後，生活雑貨やアパレルをMD（マーチャンダイジング）に加え，飲食も開発，さらに空間設計・建装ビジネス（B2B）にも業容を拡大した。まさに，企業理念のもとに事業を起こし進めることで，既存の業界枠を超えたライフスタイルの価値を創造し，伝達・提供する企業となって発展してきた。

B2Cでは，高感度で手頃なカジュアルインテリアから顧客を導入し，次第にプレステージへと顧客を育成する戦略が特徴である。卸販売でも全国の有力インテリア小売業のコミュニティを形成，価値創造でも独自性を保持し，欧州企業と長年取引関係を継続するなど，様々なコミュニティを形成し，それを活かすマーケティングを展開している。

Key Words

ビジョン・パーパスからのドメイン定義，
ライフスタイル価値追求からの企業連携・業容変化，顧客導入・育成，
インテリア小売店コミュニティ，プロフェショナル・コミュニティ

Data

事業内容：ヨーロッパを中心とした家具・テキスタイル・インテリア小物の輸入販売，オリジナルアパレル販売，飲食，全国主要都市のインテリアショップへの卸売，ハウスメーカー，マンションデベロッパー等への販売，インテリアデザイン・設計・施工，個人向け住宅のリノベーション設計，施工

会社設立：1981年（湯川美術品株式会社としての創業：1969年）
年商：169億円（2019年度）

※ 本章の当該企業の事例研究の記述について，企業概要や展開の現状に関しては，一般に入手可能な公開情報に基づき記述している。本章にありうべき誤りは筆者に帰するものである。取組みの評価や今後の展開に関しては，筆者の考察に基づくものであり，当該企業の見解ではない。

▶ 1 はじめに

　株式会社アクタス（以下，アクタス）の事例研究を始めるにあたって，筆者は２つのことに驚いた。まず，現在のアクタスのフラッグシップストアである青山店（外苑前）とは別の場所に「創業地」とも言える「ヨーロッパ家具・青山さるん」という店舗があったこと，まさに正真正銘の「青山企業」であることである。そして，今でこそ日本でもインテリア領域の著名な小売企業として営業展開しているスウェーデンの「IKEA」を1970年代に，アクタスが主となって日本市場に導入（第１期導入）していた歴史である。

　1960年代，「ファッションの青山」の先がけとなるアイビートラッドブランド「VAN」が青山でブームになり始めていた頃，アクタスの前身が青山通りに面して家具サロン店舗を設け（1969年），ヨーロッパの高級家具を輸入販売していた。後に「カッシーナ」や「B&B」など複数の高感度なインテリアショップの出店を誘引し「インテリアの青山」を形成するきっかけが始まっていたのである。

写真４－１　湯川家具「ヨーロッパ家具青山さるん」（1969年～1994年）

写真4-2　イケアカタログとイケアららぽーと船橋店（1981年）

（出所）アクタス　ウェブサイト（2021年3月25日入手）
https://www.actus-interior.com/company/history/

▶ 2 アクタスの概要

2-1 企業概要

　アクタスは，企業理念として，「ひとの力を信じ，真に豊かな人生を創造する」（ミッション），「私たちは，常に新しい生活文化を創造する原動力となります。お客様の喜びにこそ，私たちの喜びが存在します。仲間を尊重し，信頼の連携力によって世の中に貢献します。個人の生き甲斐と組織の目標が一致している企業であり続けます」（ビジョン）を掲げる。代表メッセージでも「インテリアショップから生活にまつわるライフスタイルカンパニーへ」という企業のドメイン戦略を主張している。

　アクタスは，実際にも，すでに家具インテリア小売業の枠を超え，日本の暮らしの質の向上を目指し「美しく丁寧な暮らし」を広めるため，衣食住のすべてにまつわる優れた商品とサービスを，幅広い販売チャネルで提供している。具体的な事業構成は，消費者向け（B2C）として①小売事業（直営店），②アパレル事業，③飲食事業を展開し，事業者向け（B2B）及び建装型ビジネス

として④卸売事業，⑤コントラクト（インテリアの対法人ビジネス）事業，⑥システムキッチン事業，⑦リノベーション事業を展開している[1]。

⑴　小売事業

「ACTUS（アクタス）」30店舗，「SLOW HOUSE（スローハウス）」1店舗の合計31店舗を直営店として運営する（2020年11月現在）。アクタス（店舗）は，北欧・イタリアを中心としたヨーロッパ並びに，北米・アジア・日本各地で生産，またはセレクトした衣食住の製品を，独自のノウハウで編集し「丁寧な暮らし」を提供するライフスタイルストアである。

写真4−3　アクタス青山店

（出所）筆者撮影（2021年3月）

また，スローハウスは，近年開発した店舗業態で，アクタスがこれからの持続可能な社会の形成に向けて，衣・食・住を通して「豊かさの本質」とは何かを追求し，これからのスタンダードを表現し，社会に提供することを目的に作ったコンセプトストアである。

---

1)　事業の説明の順番は，企業がウェブサイトで示す順番でなく，筆者が，B2C（インテリア・アパレルMD販売，飲食），B2B（卸，コントラクト，建装関係）と整理したほうが合理的と判断し，入れ替えて説明している。

(2)　ファッション・アパレル事業

オリジナルブランド「eauk（オーク）」のウェアや生活雑貨の企画・製造・販売を行っている。ナチュアルなテイストで高感度なファッションMDである。

(3)　飲食事業

衣食住を提供するライフスタイルストア「アクタス」と「スローハウス」の"食"の一翼として，東京・天王洲にてレストラン「SOHOLM（スーホルム）」や，カフェ事業（湘南・大阪うめだ・木更津）を運営している。

(4)　卸売事業―「ICA（Interior Collaboration ACTUS）」

アクタスのビジョンやコンセプトに共感する小売業（専門店オーナー）に対し，アクタス製品の卸売や，ストア運営を支援している。アクタスでは，全国の主要都市または一定規模の商圏ごとに，アクタスのビジョンとコンセプトに共感する専門店を募集し，エリアごとにアクタス製品の販売とストアの運営を任せる展開（「ICA（Interior Collaboration ACTUS）」という名称の卸売型ビジネス）を行う。アクタスからは各々のストアにスーパーバイザーを派遣し，店舗設計，採用，スタッフ教育，MD（商品提供と陳列，編集），販促など，様々な面でストアの経営（開業まで，及び開業後の継続的な運営）を支援し，アクタスが提案する「ライフスタイル」を日本全国に展開する。

(5)　コントラクト事業

公共空間や商業空間の内装プランニング・企画プロデュースから施行・納品まで，小売業とのシナジーを生かしたコントラクト事業である。それぞれの案件ごとのマネジメント体制でアウトプットを行うプロフェショナルビジネスである。

(6)　システムキッチン事業

1985年から，ドイツのシステムキッチンのトップブランド「Poggenpohl

（ボーゲンポール）」の輸入代理店として，そのコンサルティング販売を行っている。

(7) リノベーション事業

　首都圏の中古住宅を対象に，リノベーション事業を行っている。アクタスでは2016年7月より，個人住宅のリノベーション事業を開始した。「アクタスの店舗のような，ナチュラルで落ち着きのある空間に住みたい」という顧客の要望と，社会問題にもなっている「ストック住宅の再流」の両方に応えるカタチで，まずは首都圏の中古住宅を対象に事業を行っている。内容としては，アクタスが小売で品揃え販売するインテリアとの親和性の高い2つのテイスト「SLOW STYLE（スロースタイル）」，「SCANDINAVIAN WAY（スカンジナビアンウェイ）」を用意し営業する。それぞれに最適なインフィル（内装材）をオリジナルで製造・販売し，中古物件のリノベーション工事から内装・インテリアまで，理想の住まいを叶えるためのソリューションの提供を行っている。

2-2　沿革

　「良い家具を作る秘訣は，人間を見つめること。ヨーロッパの家具を使ってみると，人間を大切にする心が形になっていることに気付きます。」

　これは，アクタス創業時のメンバーが残した言葉である。当時，日本中が大量消費生活を謳歌し，まさにモノの豊かさによって幸福感を手に入れ始めたそんな時代に，「豊かな暮らしとは消費を繰り返すことではなく，作り手の顔が見える製品と，できる限り長い時間を過ごすことではないか」と考えていたことを示している。

　アクタスは，ヨーロッパ家具の輸入販売ビジネスからスタートし，人々の生活が変化する中で，常に「真に豊かな暮らしとは何か」を求めて，消費者を対象にしたインテリア小売（B2C），法人ビジネス（B2B），住宅・増改築ビジネス，インテリアを体感できる飲食ビジネス，さらに北欧ライフスタイルを具現化するファッション・アパレルなどへもMDを広げるなど業容を変化させて

きた。しかも，スウェーデンのイケアとの共同事業（1974-1984年）や，ヨーロッパの家具メーカーやシステムキッチン企業，住宅建設企業など様々な企業と取り組み先を変化しつつB2Bビジネスにも事業を拡大し，50年もの長きにわたってインテリア・ライフスタイル関連をドメインとする事業を展開してきた。

(1) 青山でのヨーロッパ家具サロン開業

アクタスの前身は，大阪の天下茶屋にあった「湯川家具」という家具店で，婚礼箪笥中心の一般的な家具店であった。映画「2001年宇宙の旅（1968年公開）」で使われた未来的なデザインのソファやノルウェー・ウェストノファ社のイージーチェアなどに触発された湯川幸治氏が，北欧に家具買い付けに行き，1969年，湯川美術品株式会社を設立した。

そして，「日本の暮らしにヨーロッパの家具を取り入れることで，住まいを豊かに発展させたい」という目的のもと，アクタスの本格的なスタートとなる「ヨーロッパ家具・青山さるん」を青山通りに開業した（～1994年）。輸入家具自体が珍しかった当時，55社のヨーロッパトップブランドを揃え，その日本総代理店となって営業展開した。

(2) イケアとの合弁事業

1974年，「もっと多くの人にインテリアの楽しみを知ってもらいたい」との志で，IKEAの販売権を獲得した。ららぽーと船橋にIKEAを出店し（1981年），主要都市の百貨店でIKEAコーナーの展開を開始（1984年提携終了）した。

(3) ヨーロッパインテリアの日本市場への導入

1984年には，株式会社大沢商会からヨーロッパ家具ブランドの販売権を譲受するとともに，ポーゲンポール（ドイツ・システムキッチン）やテクタ（ドイツ）の取扱を開始した。

1990年より卸売事業を開始，2009年より「アクタスオンライン」を開設した。またフラグシップストアの青山店は2012年に，スローハウスは2013年に東京・天王洲に開店した。

(4) コクヨによるアクタス買収[2]

2006年，文房具メーカーのコクヨが，アクタスの経営に参画し，アクタスの発行済み株式の56.3％を取得し子会社化した（株式取得額は約87億円）。コクヨはオフィス用家具では最大手だが個人向け家具の売上高は年間約10億円で，アクタス（2005年2月期売上高約123億円）を加え，コクヨグループとして個人向け家具の売上高の拡大を目指している。

▶ 3 アクタスのマーケティング戦略

3-1 ターゲット

アクタスのターゲットは，30代から40代の男女である[3]。

3-2 価値の創造

アクタスは，企業理念（ビジョン）のもとに，住のライフスタイルに関して家具に留まらず生活雑貨・アパレルまでの商品領域で，しかもシンプルなデザインで高感度なモダンテイストのMDで展開する（**図表4－1**）。ヨーロッパの高感度でありながら手頃な価格のカジュアルインテリアから顧客を導入し，次第にベター，プレステージの高価格帯に顧客を育成することが可能なMDがアクタスの価値創造の特徴である。

---

2) 2006年2月15日日経MJ新聞記事による
3) 「特集―家具＆雑貨店大全」（『日経デザイン』2004年11月号，pp.64，日経BP社の記述による。

写真4－4　アクタスのMD

アクタス商品カタログ（複数）から筆者がコラージュ作成（2021年3月）

図表4－1　インテリア関連小売業　品揃えのポジショニングマップ（考察）

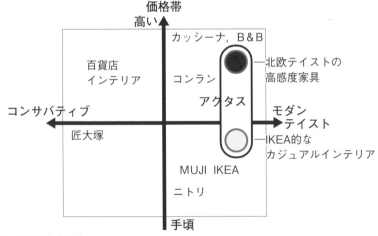

（出所）筆者作成（2021）

(1)　インテリア―ヨーロッパ輸入が多いが一定のテイストを長年保持

　インテリア小売の商品は，ソファ，チェア，テーブル，ボード，ベッド，収納，子供家具，照明器具，クッション・ラグ，小物雑貨などを取り扱う。主要

取扱ブランドは，「Porada（ポラダ）」イタリア－素材にこだわり高い加工技術の家具，「TECTA（テクタ）」ドイツ－「バウハウス」のデザイン思想を継承する家具メーカー，「eliersen（アイラーセン）」デンマーク－1895年馬車のボディシートメーカーとして創業したソファーブランド，「Poliform（ポリフォーム）」イタリア－システム収納・ワードローブクローゼット，「Montana（モンタナ）」デンマーク－システム収納）などヨーロッパ製の高感度デザインテイストのインテリアを提供する。長年継続して取り扱い，買い足しやコーディネートの面で顧客の信頼性が高い。

　取引形態は買取で，家具メーカーからの直接取引，雑貨は卸からの仕入れとメーカーとの直接取引の併用であり，本部バイヤーによる一括買付である。海外ブランドと国内ブランドの構成は海外50％・国内50％，全商品中のオリジナル商品比率は85％となっている[4)] [5)]。

⑵　アパレル・ファッション・生活雑貨－アクタスのオリジナル編集

　衣料・生活雑貨のオリジナルブランド「eauk（オーク）」について企画・製造・販売を行っている。このブランドは，「eau」（フランス語で水）と「smuk」（デンマーク語で美しさ）を掛け合わせた造語「eauk」である。着心地のいい素材とともに，鎧わず纏わず，等身大でいる自分の良さを自然と引き出してくれることを考え，身に纏う「衣服」から自分とともに過ごす「居服」でありたいという願いが込められている。「FURERU（ふれる）」「MATOU（まとう）」「AIDA（あいだ）」の3つのコレクションから構成し，肌に触れるインナー感覚のウェアからアウターウェアまで展開している[6)]。

---

4)　「特集─家具＆雑貨店大全」（『日経デザイン』2004年11月号，pp.36-37，日経BP社の記述による。
5)　「特集─家具＆雑貨店大全」（『日経デザイン』2004年11月号，p.64，日経BP社の記述による。
6)　アクタスウェブサイトを引用し記述している。（2021年3月21日入手）
　　https://www.actus-interior.com/company/scheme5/

⑶　**飲食－インテリア・生活雑貨・ホームファッションの空間を体感**

　北欧の家具やデザインを基調にした店舗空間で，実際に商品を確認もできる飲食サービス「スーホルム」「カフェ」を天王洲アイルなどの一部の店舗で運営する。

　その他，システムキッチン，リノベーション事業や，企業・団体向け（B2B）に，インテリアコントラクトビジネスなどを展開している（詳細は前述）。

3-3　価値の伝達

　アクタスの価値の伝達は，雑誌やテレビなどのメディアを通じたPR，自社ウェブサイトを通じたPR，PR誌の発行，カタログの作成，自社企画イベントや展示会，デザイン関連イベントへの参画などがあげられる。以下に特徴的な4つの取り組みについて詳述する。

⑴　**アクタス・スタイルBOOKを通じた価値伝達**

　従来の家具メーカー発行の商品主体のカタログでなく，海外の雑誌のような様々な生活シーン，居住シーンでコーディネートされた商品群の数々，そのような「アクタス・スタイルBOOK」が1996年から発行され，「アクタスは北欧スタイルのインテリア」というようなMDテイストが鮮明に打ち出され消費者のイメージ形成を促進した。

⑵　**店舗での催事プロモーション**

　店舗での催事展開も他のインテリアショップにないアクタスの特徴である。今でこそ主要ブランドに成長したドイツ製のTECTA（テクタ）も，店内催事「バウハウスの名作家具展」の開催がきっかけで売れ始めたという。2021年の現在も「101灯のあかり展」「A Petersen Collection & Craft」等の催事が開催され，他のインテリア小売店との差別化になっている。また店内で居住を家族で体験できる「ナイトセール」も商品にとどまらずライフスタイルを体験でき

るきっかけになっている。

(3) 店舗売場のビジュアルマーチャンダイジング（VMD）－居住空間での体感

今では当たり前になったROOM展示方式は，アクタスが先駆けと言って良いだろう。商品を居住空間に置いた時にどのような感じになるのか，そのサイズや色の調和，素材の感触など体感できることは重要であり，その配置などは，顧客にとって学びにもなる。

(4) 専門人材アドバザー，コーディネーターによる価値伝達

アクタスは家具インテリアの商品選び，コーディネートのアドバイスはもとより，増改築の相談，コントラクトビジネスの遂行など様々な分野で専門性のある人材を配備して，顧客のパーソナルなニーズに対応している。

3-4 価値の提供

(1) 消費者向けた小売事業

消費者へ向けた小売事業では，店舗の商圏・立地・規模により，「General（ゼネラル）」「Entry（エントリー）」「Flagship（フラッグシップ）」の3種類にフォーマット（店舗形態）を分け，インテリアを核に，衣料，食材，一部にはカフェを併設し展開している。各店舗をその顧客像に合わせた品揃えや，サービスの幅，機能の質をコントロールしている。

飲食については，「SOHOLM（スーホルム）」ではオーガニックフレンチをベースに，製法や産地にこだわった旬の素材や，健康や環境に配慮した食材を丁寧に調理し，気取らない空間とサービスで提供している。店舗では，食にまつわる知識を提供し，顧客のライフスタイルを内面から豊かにすることを支援している。店舗デザインや空間演出もアクタスで内製化し，食に奥行きを持たせるワインやチーズ，食材のセミナーも行っている。

⑵　法人向けの事業

　法人顧客へ向けた事業（B2B）では，公共空間や商業空間の内装プランや施工，企画プロデュースから納品までのコントラクト事業がまずあげられる。具体的には，学校，図書館などの教育施設，劇場・美術館・教会・病院・養護施設などの文化福祉施設，ホテル，旅館などの宿泊施設，レストランやオフィス，スポーツ施設などを手がけている。最も強みを発揮する分野である大手ハウスメーカー，マンションデベロッパーに向けた住宅の内装提案やマンションモデルルームのコーディネートは年間約100例にのぼる。小売事業（B2C）で得たノウハウで，ユーザー視点や時代のトレンドをタイムリーにコントラクト物件に取り入れたり，幅広い製造拠点や流通チャネルを生かした家具や什器の造作，オリジナル開発にも力を発揮する。

▶ 4 アクタスのコミュニティのつくり方・活かし方

4-1　価値創造のコミュニティ

　価値の創造では，モノづくり・デザイン支援体制があげられる。具体的には，デザイナーへのメーカー紹介，メーカーへのデザイナー紹介，異なるメーカー間をつなぐ機能，パッケージやカタログの制作支援，商品開発のコンサルティング機能を持っている。価値の創造に関するメーカーやデザイナーについてコーディネート機能を発揮しているといえる（BBのコミュニティ関係）。

　さらに，企業のミッション/ビジョンや事業パーパスに基づき，住のライフスタイルの実現に徹してMDを深める中で，インテリアからリビング，雑貨，さらにファッション・アパレル，食品など既存の業種・業界を超えた取引関係を拓き，事業ドメインとしていく活動を長年取り組んできた。例えば，ファッションデザイナーとコラボレーションし，ファブリックを使った「フリッツハ

ンセン」の椅子を開発した（2004年の事例）[7]。

　企業のミッション/ビジョンや事業パーパスの実現のため，取引先との関係もBB（企業間）コミュニティとして幅広い業種のメンバーが参画する体制で運営されている。

4-2　価値伝達・提供のコミュニティ

　価値の伝達・提供では，小売業を組織化して商品を卸し展開するコミュニティ「ICA」（Interior Collaboration ACTUS）を制度として持つ。すなわち，全国の主要都市または一定規模の商圏ごとに，アクタスのビジョンとコンセプトに共感するオーナーを募集し，エリアごとにアクタス製品の販売とストアの運営を任せている。アクタスからは各々のストアにスーパーバイザーを派遣し，店舗設計，採用，スタッフ教育，MD，販促など，様々な面でストアの経営をサポート。開業までと，その後の継続的な運営を支援し，アクタスが提案する「ライフスタイル」を日本全国に拡大している。商圏と店舗の規模，取扱品の内容により，ライセンスショップ（ACTUSとしての運営9店舗：2020年11月現在），とパートナーショップ（独自のストア名で運営：全国40店舗）がある。

4-3　B2B企業・団体の顧客コミュニティ

　企業や団体といったB2B顧客への営業アプローチとしては，顧客そのものよりも，建築デザイナーや建装関係者が，アクタスのインテリアMDやそのコーディネートに共感することから導入されるのではないかと推測される。そしてその共感は，フラグシップストアである青山店や新宿店の店舗スペースでの実際の商品のモデルルーム展示や，前述のような店内イベント（バウハウスの名作家具展など）を通じて，プロフェッショナル人材がアクタスのコーディネーターと交流するところから生まれているものと思われる。

　B2B顧客も，例えば，大学などの教育機関や美術館といった企業・団体で

---

7)　「特集―家具＆雑貨店大全」（『日経デザイン』2004年11月号，p.55，日経BP社の記述による

の実績例が多いが，これらは，コントラクトビジネス導入でのアクタスの評判が関係者に伝播して新たな受注につながるといったコミュニティ型の営業成果とみられる。

図表4－2　アクタスのコミュニティ型マーケティングの全体像（考察）

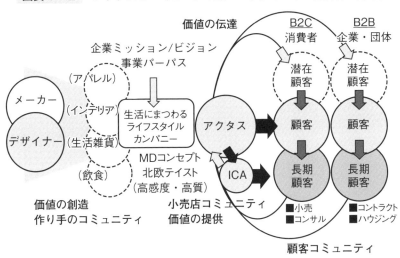

（出所）筆者作成（2021）

▶ 5 戦略展開の評価

5-1 家具にとどまらないライフスタイルを空間で提供

　高感度で高質な住のライフスタイルを，ファッションや飲食にも拡大し，顧客のライフスタイル全般を範囲とする価値を創造（MD編集）し，リアルに空間で顧客に価値伝達し，ワンストップで商品の比較選択ができるように提供している。しかも，日常の生活雑貨，高級本格家具をそろえる独自のポジショニングを確保している。このようにインテリアのドメインでライフスタイルを構

成する商品を幅広く集め，生活のモデルルームのように品揃えで示す小売業は，開業当初，アクタスだけで独自性（他のインテリア小売業と差別性）を発揮してきた。後年（現在）多く見られるようになった「ライフスタイルストア」という小売業態の先駆けといえる。

5-2 顧客にとって生涯にわたる関係を持つコミュニティづくり

　アクタスのMDは，一定のテイストを好む顧客の全生活，生涯をカバーするビジネス展開になっている。例えば，若いファミリーでIKEAレベルのカジュアルインテリアや生活雑貨でアクタス顧客コミュニティに導入し，長年をかけ，アクタステイストの住のライフスタイルを育成し，次第に高感度で高価格なヨーロッパモダン家具を買う顧客に育ってもらうという展開が可能になる。**図表4－1**のポジショニングマップにみるように，アクタスのMDが，カジュアルインテリアと，高感度・高価格のヨーロッパモダンのインテリアの2つのMDグループから成ることからできるコミュニティ型マーケティングといえるのだろう。

▶ 6 │ 実現要因の考察

6-1 企業ミッション/ビジョンや事業パーパスのもと，ライフスタイル価値の実現を追求

　アクタスの事業推進は，企業のミッション/ビジョン及び市場での事業パーパスを明確化し，そのもとで事業ドメインを定めるやり方と捉えられる。したがって，既存の商品分野・業界を超えたMD編集（価値の創造）を実現することに至ったと考察される。

　さらに，その品揃えの価値観・テイストで商品やサービスを編集しコーディ

ネートする能力をB2Bビジネスにも生かし，建装などコントラクトビジネス
や住宅リノベーションにも事業を拡大することができた。

6-2　様々な取引先との連携とそのリソースの活用

　ヨーロッパ家具の品揃えを他社に先駆けて充実させた創業期から多くの海外
メーカーの日本における販売代理店になっていたが，前述の6－1の結果，ア
クタスは，既存のインテリア小売企業にない幅広い商品分野の企業と取引する
ことになった。

　インテリアの営業展開でも価値の伝達や提供で，取引先のリソースをうまく
活用した顧客企画が多くみられる。例えば，ポリフォーム社による収納相談会
（2021年），モンタナ社による3D画像によるシステムシェルフシミュレーショ
ン相談会（2021年）などである。

6-3　自社社員と外部人材の役割分担と配置

　アクタスの事業運営を人材活用の面で見ると，価値創造の段階に外部人材も
起用して機能を充実させ，価値提供の段階では自社社員が担当し確実に顧客対
応し，その反応を把握するという役割分担と人材配置が特徴である[8]。

　価値の創造では，外部デザイナーも起用し社内デザイナーと役割分担してそ
れぞれの能力を発揮するという考え方である。すなわち，新たな生活スタイル
を提案して商品を売るために，アクタスは商品のデザインマネジメントの仕組
みを変更したのである。事業当初，オリジナル商品は同社の社内デザイナーに
よる内製という形がほとんどだった。しかし，社内デザイナーの役割を見直し
て，消費者のニーズを汲み取り新たな生活シーンやライフスタイルの仮説を立
て，その仮説に基づいて売場の商品構成全体のディレクションを手がける役割
を担うようにした。一方で商品デザインの具体的な制作は，外部のデザイナー
に任せる考え方である。その際，外部のデザイナーに求めるのは「自らも新し

---

[8]　「特集―家具＆雑貨店大全」（『日経デザイン』2004年11月号，p.54，日経BP社の記
述による

い生活提案ができる若いデザイナー」とした。1テーマの家具全部を1人のデザイナーに任せるのではなく，商品別にデザイナーを細かく割り振っていく。社内デザイナーはマーケティング，コーディネーション，ディレクションなどの役割を担い，その能力を発揮するようにするわけである。

　価値の提供は，自社社員が担い，顧客の反応を的確につかみ，それを製品企画・提案に活かす能力を高めるのである。近年はデザイン力に頼ったプロダクトアウトな商品ではなく，顧客の（生活者の）インテリアの使い勝手についての声を的確につかめること（コミュニティ型マーケティングにいうBC-3の機能）が重要とアクタスは考えている。

▶ 7 今後の戦略展開の可能性

　アクタスのライフスタイルの追求は，新たな異業種とのコラボレーションを一層生み出しそうである。

　実際に，アクタスは，スポーツメーカー：ゴールドウインの「ヘリーハンセン」と連携し，室内と屋外にまたがる新市場を作り出そうと動きだした（2020年）9)。両社は日常生活でもアウトドアシーンでも共通して使える，シンプルで機能的なウェアや家具，食器，雑貨類を共同開発し，2020年3月に販売を始めた。ともに北欧にルーツを持つブランド同士が手を組み，自然と調和したライフスタイルを提唱する。

　コレクション名は，ノルウェー語の「Land（場所）」と「Norm（基準）」を掛け合わせた造語である「ランドノーム」。ノルウェー発祥のアウトドア・スポーツブランドであるヘリーハンセンと，北欧のモダンインテリアをいち早く日本に定着させたアクタスが，アウトドアとインドアの枠を超え，北欧に根付く精神「フリルフスリフ」（自然のなかでありのままに暮らす）を価値観の中

---

9)　この項の記述は，繊研新聞2021年3月16日付け記事を引用している。

心に置いた服と暮らしのあり方を創造していくプロジェクトである。メインターゲットには，小さな子供がいる30代ファミリーを設定し，大人も子供も一緒に外で過ごすことが楽しくなるモノやコトを提案する。

　具体的なMDとして，速乾性に優れたストレッチ素材を使ったプレーンな半袖シャツとショーツは，室内で着られ，公園での水遊びなどにも対応できるアイテムとなっている。トートバッグは，ハンドルと底面に撥水性のターポリン素材を取り付けた帆布生地製で，バッグの内側には保湿・保冷機能を持つアルミ蒸着加工を施しており，夏のアウトドアでは保冷バッグとして活躍できる。2021年はミディアムサイズやピクニックにも使えるランチバッグのほか，ウェアと同じ色味のグリーンも新色として加えている。

　ランドノームは両社のオンラインストアで扱うほか，実店舗では，ゴールドウインがヘリーハンセンや「ザ・ノース・フェイス」などの直営店16店，アクタスが5店で販売している。今後，両社ともランドノームの展開店舗を増やす計画である。

▶8　アクタスのコミュニティ型マーケティングからの学び

8-1　ライフスタイル価値の実現にこだわることが新しいことを生み出す

　繰り返しになるが，アクタスは，自らの企業のミッション・ビジョン及び，事業の目的を踏まえ，その価値観に基づく一定のテイストのライフスタイル価値の実現にとことんこだわったことが，既存の業界を超えたビジネスを生み出し，新しい業容へと変化を遂げるに至った。アクタスを所有する親会社は3つめとなったが，どれもアクタスの事業に価値を置き，発展させてきている。連携先の分野もファッション，飲食，アート，教育，スポーツなど次々と新しく

組み先を増やし価値の創造に邁進している。

8-2　商品特性をきちんと踏まえたビジネス－生活分野を総合し顧客と生涯関係を持続する

　インテリアは住関連で総合MDであること，顧客と企業が長く付き合う関係である（生涯顧客化が可能な商品である）。だからこそ，一定のテイストの商品群（アクタスの場合，ヨーロッパの高感度な先進スタイル）を継続的に揃え（ある意味定番化し），顧客の買い増し・買い足し需要にこたえていくことが極めて重要である。

　日本の戦後のインテリア業界は，MD領域ごとにメーカーが分立，栄枯盛衰し，消費者にとって一定のテイストでのコーディネートや長年継続した買い足しが困難な環境にあった。そのような中でアクタスの立ち位置や一定のテイストの保持は，インテリア分野で確実な顧客支持を長く維持し，高いロイヤルティから成るコミュニティを形成したといえる。また，価値の作り手側（デザイナーや工房・家具メーカーなど）もアクタスに長年関与する関係を持ちえたわけである。このように一見当たり前に見える企業の基本姿勢の保持こそ，コミュニティの形成・育成・維持に重要なことと考えられる。

　他の産業・ビジネスにおいても，その取扱商品が何で，その商品特性は何か，その基本をきちんと踏まえること，さらに，その特徴を継続的に保持することが，コミュニティ型マーケティングの展開・発展につながる基本であることを認識すべきであろう。

◉**参考文献**

株式会社アクタス（2009）『1969-ACTUS History Book』アクタス

榊原清則（1992）『企業ドメインの戦略論』中公新書，中央公論社「特集―家具＆雑貨店大全」（『日経デザイン』2004年11月号，pp.36-37，日経BP社

アクタス「アクタス50周年 SPECIAL SITE」（2021年3月25日入手）
　https://www.actus-interior.com/actus50th/history01.html#cTop

「特集―家具＆雑貨店大全」『日経デザイン』2004年11月号，pp.36 37，日経BP社　繊研新聞
　2021年3月10日付け記事

第5章

ニュートラルワークス
（ゴールドウイン）

Summary

　　NEUTRALWORKS.（ニュートラルワークス）の価値創造の特徴は，①どのスポーツでも基本として共通するアスレチック領域にマーチャンダイジング（MD）を重点化し，②従来のような競技種目別・ブランド別でなく，同社が日本国内での商標権を保有する海外発ブランドや，新たに開発したオリジナルブランドをミックスし，③ウェア・グッズに食品・飲料も加えてMD編集し，④さらに店舗内にコンディショニングの場も設け，エクササイズ（ソフト）まで含めて，１つのブランドとして展開する点である。
　　そして，このような価値が専門スタッフにより，強いセールスアプローチでなくホスピタリティのある接客を通じて伝達されている。彼らはプロ・上級レベルから初心者・入門レベルまで顧客の個々の状況・目的に応じて個別に製品の提案やサービスの提供を行い，共感する顧客のコミュニティを形成し，その支持を高めている。

Key Words

　　スポーツライフスタイルMD，モノとソフトの編集，ニュートラリズム，
　　パーソナルスタイリング，コンディショニング・コミュニティ

Data

　　会社名：株式会社ゴールドウイン
　　事業内容：スポーツアパレル（スポーツ・アウトドア製品）の製造・販売
　　創業：1950年（津澤メリヤス製造所として）（会社設立：1951年）
　　年商：連結：978億円，単体：829億円（2019年度）

※　本章の当該企業の事例研究の記述について，企業概要や展開の現状に関しては，企業担当者へのインタビュー及び一般に入手可能な公開情報に基づき記述している。本研究へのご理解，インタビューなどのご協力に対し，この場を借りて心より感謝申し上げる。なお，取組みの評価や今後の展開に関しては，筆者の考察に基づくものであり，当該企業の見解ではない。

▸ 1 はじめに

　東京青山：外苑前の「NEUTRALWORKS.（ニュートラルワークス）」（以下，NW）の店舗（**写真5－1**）には，メンズとレディスで，フィットネス向きのウェア（Tシャツ・パンツ・上着など），デイバッグ，キャップなどのアイテムが，季節に合わせた統一感のある色味で品揃えされている。例えば，最も定番のTシャツで多彩な色のバリエーションのある「ニュートラルワークスティー」や，吸汗速乾・抗菌防臭・UVケアという高い機能性に加えて抜群の触り心地である「N/ストレッチコンフォートフーディー」，適度なハリとマットな質感で多様なシーンで着用できる「N/ストレッチウーブンパンツ」などがあげられる。

　ブランドとしては，ゴールドウインが日本国内での商標権を保有する海外発ブランド（「THE NORTH FACE」「ellesse」「HELLY HANSEN」など）と，オリジナルブランド（「NEUTRALWORKS.」「MXP」など）が自然に調和するMD編集となっている。

　具体的には，アスレチック領域のウェアとグッズのアイテム，それに体によい食品・飲料が加わり，さらに店舗内に低酸素トレーニングやストレッチができる機材・施設もあり，エクササイズもできる。これまでにないフィットネスライフスタイルを充実させサポートする展開になっている。

　このような商品（モノ）とサービス（ソフト）が1か所で，「1つのブランド」として編集された店舗は他にないと思われる。

写真5－1　NEUTRALWORKS.TOKYO（店舗外観）

（出所）筆者撮影（2021年3月）

▶ 2 NEUTRALWORKS.（ニュートラルワークス）とゴールドウインの概要

2-1　NEUTRALWORKS.（ニュートラルワークス）の概要

　NWは，ゴールドウインが提供するアスレチック領域に特化したブランドである。2015年からブランドの企画が立案され，2016年4月29日に東京・青山の外苑前に1号店である「NEUTRALWORKS.TOKYO」（以下，「NW.TOKYO」）が誕生した[1]。その拠点は，東京メトロ銀座線外苑前駅から出て神宮球場方面へと向かう通りに立地し，外観が「N」を表現する建物の1－3階で営業展開している。

---

1)　2021年3月現在，NWは東京都内に3店舗を展開している。

写真5－2　NEUTRALWORKS.TOKYOの店内風景

「NW.PRODUCTS」（ウェアやトレーニンググッズの展開）

「NW.STAND」（コンディショニングスムージーやコーヒーなどの食品・飲料の提供）

「NW.ROOMS」（ストレッチ・低酸素・水素吸引などコンディショニングスペース）

（出所）NEUTRALWORKS.ウェブサイト（2021）

　店舗の１階は季節に応じたNW限定オリジナルアイテムや新商品の展開，レディス向りのMDとなっている。売場奥には「体の内側から健康的に美しく」をコンセプトとする食品・飲料「NEUTRALWORKS.STAND」が配置されている（**写真５－２**）。

　２階ではメンズ向けMDが中心となり，バックやシューズ，ギアが豊富に揃っている。さらにエレベーターでつながる３階は，「カラダをニュートラルな状態に整える」というコンセプトのもとで，専門スタッフが顧客向けプログラムを企画・運営するコンディショニングの部屋が複数に連なる「NEUTRAL-WORKS.ROOMS」となっている。

　４階には「NEUTRALWORKS.PRESS」があり，ゴールドウインのアスレチックブランドのプレスリリースやイベントスペースとして利用されている。NWが「DANSKIN」や「ALOE」といったブランドとコラボし，「Conditioning Yoga」や「Beauty Yoga」などのイベントを定期的に開催している。

2-2　株式会社ゴールドウインの企業概要

　ゴールドウインは，2020年に創業70周年を迎えたスポーツアパレルメーカーである。同社は，「スポーツを通じて，豊かで健やかな暮らしを実現する」という企業理念のもと，世界中にビジネスを展開している。企業理念の中にタグラインとして位置づけられている「SPORTS FIRST」とは，「スポーツを一番に考え，心から愛し，自ら実践し，より良い製品・サービスの具現化につなげていく」と定義づけられている。タグラインの内容はゴールドウインが取り扱うすべてのブランドに共通する価値である。

　2020年時点では日本国内のスポーツ用品業界において，ゴールドウインは年商978億円（連結）をあげている。業界内では「ASICS」「MIZUNO」「DESCENTE」に次ぐ業界４位に位置する。業界上位企業が大手総合スポーツメーカーでありながら，特定のスポーツ領域に対する商品やサービスにも地位を確立している。しかし，ゴールドウインは「THE NORTH FACE」「ellesse」「HELLY HANSEN」など，10を超える海外発のアウトドアブランドを展開するとともに，オリジナ

115

ルブランドを展開し他社と差別化を図っている。製品は保温性や機能性など品質が高く，子どもからシニアまでの幅広い層が購入する。また，ゴールドウインでは年間約1万4,000点以上の商品の修理を受け入れており，企業として取扱商品を長く愛用してもらうことを重要視している。

2-3　ゴールドウインの沿革

　ゴールドウインは，1950年に富山県小矢部市で創業したニット製品を製造する津澤メリヤス製造所が前身である。創業者である西田東作氏の「スポーツは人々に健康と健全な精神をもたらすものとして，まだ見知らぬ人達と仲間となり，国境や人種や言葉を越えて友人を作り，広く世界の人々と交わり，親交を深める重要な役割を果たすものである」という経営哲学が，ゴールドウインの礎となっている。

　当時販売されていたウールの靴下は登山界で「丈夫で破れない」という口コミから広がり，多くの登山家から愛用された。そして，1963年に社名をゴールドウインへ変更し，スポーツ専業のメーカーへ転身した。社名は，古代オリンピック発祥の地ギリシャで，オリンピックの勝者に月桂樹の葉を冠にあしらって授け，「ゴールド・ウイナー」と呼んだことに由来する。ゴールドウインは選手たちに金メダリスト「ゴールド・ウイナー」になってほしいという願いをこめて，1963年に社名を「ゴールドウイン」に変更したのであった。1964年の東京オリンピックでは体操，バレーボール，レスリングをはじめとする金メダリストの8割が同社のウェアを着用した。その後1960年後半の冬季オリンピックをきっかけに，人気が高まったスキーのウェア製造・販売にも注力した。さらに「Champion」や「THE NORTH FACE」，「ellesse」など各種スポーツ領域で有力な海外ブランドを積極的に日本市場で流通させ，同社の年商は最初のピーク期（1996年）に779億円まで成長した（**図表5−1**）。創業者の意思を継ぐ西田明男会長は「世界の素晴らしいブランドを国内でも使ってもらいたい」という思いを胸に同社のビジネスモデルを作り上げた。

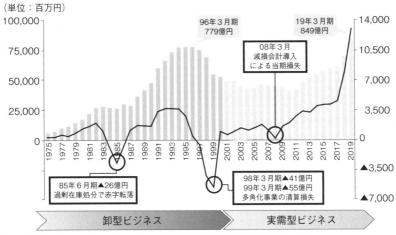

図表5-1　ゴールドウインの業績推移と業態転換（1975年〜2019年）

（出所）株式会社ゴールドウイン　2019年3月期決算投資家向け説明資料（P3）

　1985年の大量在庫処分や，1998年の事業の多角化によって赤字転落を経験しながらも，外部環境が変わる中で事業内容を見直し，同社は2000年までの「卸型ビジネス」を「実需型ビジネス」へと転換した。「実需型ビジネス」とは顧客の声に耳を傾けモノづくりをすることを指す[2]。これにより，同社は消費者が求めるアウトドア・アスレチック領域の拡大にシフトし業績をV字回復することができた。2019年に日本で開催されたラグビーW杯で日本代表チームのユニフォームになったニュージーランド生まれのブランド「CANTERBURY」も好調で，2019年度年商は978億円（連結）となった。

2-4　ゴールドウインの展開するブランド概要

　ゴールドウインは20ブランドを所有しており，それらはオリジナルブランド，オウンドブランド，ライセンスブランドの3つに分けられる（**図表5-2**）。

　2）「実需型ビジネス」の定義は，GW本社コーポレートコミュニケーション室の見解（2021年3月29日）を記す。

第一に，オリジナルブランドは同社がすべて内製で開発したブランドである。

第二に，オウンドブランドは商標権を買い取ることで，ブランドリスクは発生せずに日本国内で企画・販売されている。第三に，ライセンスブランドはスポーツブランドの日本販売権を持ち，売上に応じてライセンスフィーを支払いながらブランドの力を借りて提供されている。

現在はオリジナルブランドとオウンドブランドで売上の90％を占めており，中でもオウンドブランドのひとつ「THE NORTH FACE」が売上好調であるため，多くの消費者に「ゴールドウイン≒THE NORTH FACE」というイメージを強く与えている。ただオリジナルブランドは現時点では認知度が低く，国内のみの展開に留まっている。

NWはオリジナルブランドかつアスレチック領域に位置づけられているが，全体の売上構成比から見るとまだわずかで認知度も低い。しかし，消費者のライフスタイルに健康的なアスレチックやコンディショニングを取り入れる動きが高まっており，それにいち早く対応しているところにNWの価値がある。

図表5－2　ゴールドウインの取り扱いブランド一覧（2020年3月期）

	オリジナルブランド	オウンドブランド	ライセンスブランド	構成比
売上シェア	90%		10%	100%
アウトドア		THE NORTH FACE　HH	icebreaker　macpac　WOOLRICH	79.6%
アスレチック	and per se　N	DANSKIN　ellesse　canterbury	speedo	Black&White	14.6%
ウィンター	Goldwin　ESTIVO　GOLDWIN MOTORCYCLE		241	2.7%
その他	C3fit　MXP　PROFECIO			3.1%
エリア	海外展開が可能	日本国内のみ	日本国内のみ	―

（出所）GOLDWIN 第69期事業報告書をもとに筆者作成（2021）

118

▶ 3　NEUTRALWORKS.のマーケティング戦略

3-1　NEUTRALWORKS.の事業領域とその展開の概要

　NWの事業領域とその展開の概要は，**図表5−3**のように整理できる。すべての始まりはゴールドウインの企業理念である「スポーツを通じて，豊かで健やかな暮らしを実現する」ことから始まる。次に，NWのブランドコンセプトとして「スポーツライフスタイルで，24時間を過ごしたい人たちのためのココロとカラダをニュートラルに整える」が存在する。このようなブランドコンセプトを発信するために店舗が位置すると捉えられる。店舗には「PRODUCTS」（商品），「ROOMS」（トレーニング），「STAND」（食品）が揃い，ファッションに関心を持ち，スポーツに感度が高い専門スタッフが価値を提供している。さらに，オンラインショップでも商品展開が工夫されてチャネルを拡大している。

図表5−3　NEUTRALWORKSのビジネスモデル（考察）

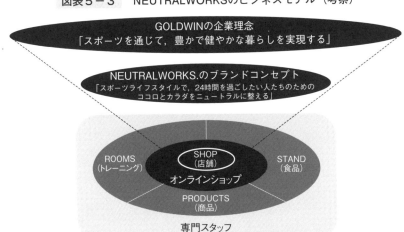

（出所）NW事業担当者へのインタビューをもとに筆者作成（2021）

119

3-2　ターゲット顧客

　「健康」への意識が高まる状況下で，多様な価値観を持つ性別や世代を超えた幅広い層の顧客が「カラダをニュートラルな状態に整える」ことを共感している。現時点では30代から40代の男女がNWの商品やサービスに共感し，スポーツライフスタイルにNWの商品やサービスを取り入れている。

3-3　価値の創造（商品戦略）

　NWが創造する価値は「PRODUCTS」「ROOMS」「STAND」で説明される。

⑴　「PRODUCTS」

　NWが主力とするオリジナル製品は国内で商品企画から製造・販売まで一貫している。特徴として，自社独自の最新のハイテク素材や縫製・接着技術を積極的に取り入れるとともに，海外モデルと比べて軽さや保温性，蒸れにくさなどの機能面をより追求した商品を製造している。オリジナルブランドの商品にはNWをイメージ付ける「N」と「／」もしくは「NEUTRALWORKS.」の文字がブランドロゴとして印字されている。また，ウェアは既成サイズにとらわれずに，日本人の体型に合わせた形で製造されている。さらに，顧客が求めるサイズ感を選べるように快適な着心地を実現するゆとりのあるシルエットを採用し，ユニセックスサイズの展開によるジェンダーレスデザインとなっている。

　一方，オウンドブランドは「THE NORTH FACE」「HELLY HANSEN」「CANTERBURY」などの海外発アウトドアブランドから編集されている。近年では有名アパレルブランドとオリジナルブランドのコラボにより新製品を開発している。ゴールドウインはこれまで単に海外の製品を輸入して販売するだけではなく，日本の気候や風土に合わせた商品を内製してきた。海外ブランドから商品の特徴を学びながら，国内市場にフィットさせる商品を自社で製造してきたのである。

(2)　「ROOMS」

　コンディショニング・エクササイズの場でのサービスである。専門知識に基づき，体を整えることに特化したサービスコンテンツで，「REBOOTstretch」（ストレッチ）や「OXYGEN with MIURA DOLPHINS」（低酸素トレーニング），水素吸収サービスなどを通して顧客の目的に応じたサービスを提供している。

　「REBOOTstretch」（ストレッチ）は，ストレッチ専用マシン「ZERO-i」を使用し，単に疲れを取るだけのリカバリーではなく，身体を「再起動」させ，本来の体の動きを取り戻すことを目的にコンテンツが構成されている。「REBOOTstretch」には，リセット・ストレッチ，リブート・ストレッチ，パフォーマンス・ストレッチの3つのプログラムがある。プログラム受講前には，事前アンケートとして現状のライフスタイルやスポーツ履歴に関して細かく記入する。ヒアリング情報をもとに専門スタッフが顧客の求めるニーズを汲み取り，専門スタッフが施術者の癖やコリを特定しながらメニューをカスタマイズする。ストレッチの施術時間はプログラムに合わせて最小15分から最大60分まで提供されている。

　「OXYGEN TRAINING」は，標高2,000〜3,000mでの低酸素環境でトレーニングを実施することができ，プロ選手を目指す学生から社会人までに愛用されている。低酸素環境は体への負荷が高まるため，事前に注意事項に目を通し，血中酸素飽和度を確認しながら進める。筆者も実際に「OXYGEN TRAINING」を経験した。低酸素ルームには，トレッドミル，バイク，ヨガマット，ケトルベル，FLOWIN Sport ホワイトが用意されているため，目的に応じてトレーニング種目を選ぶことができる。低酸素ルームは，数分を過ぎると，酸素が徐々に体内に取り込みにくくなる。まるで山の上をランニングしているような感覚となり，効率良く短時間でトレーニング負荷を実感できる。そのトレーニング後も1週間以上はトレーニング効果を持続できるのもメリットである。

(3) 「STAND」

　身体に良い飲料や食品をセレクトし，バランスの良い食事のヒントになる
オーガニック食材の商品が展開されている。また，春夏秋冬に合わせたフルー
ツや野菜を含んだコンディショニングスムージーやコーヒー，ハーブティーの
他，パッケージフードなどを販売している。「カラダの内側から健康的に美し
く」をコンセプトに，カラダを整えるために必要な6つの効能をメニューにし
たオリジナルスムージーが並ぶ。自分のライフスタイルもしくは不足している
栄養素を補うために，お気に入りのスムージーを見つけることができる。食品
は季節の恵みを大切に「旬食材」，「産地」，「生産者」にこだわった食材を選び
ながら丁寧に手作りし，見た目も美しく，普段から取り入れやすい価格となっ
ている。

3-4　価値の伝達（コミュニケーション戦略）

　NWは，従来のスポーツブランドのようにブランドイメージを確立するため
の過度な広告宣伝による露出はしない。その理由は，商品やサービスに対して
特定のスポーツのイメージを付けないようにしているからである。

　顧客とのコミュニケーションはオフラインとオンラインに区別できる。オフ
ラインでは3つのリアル店舗が顧客との接点を持つ。店舗の専門スタッフが店
舗ごとに異なる世代の人々に対して商品とサービス価値を提供している。専門
スタッフとはスポーツライフスタイルを日常から実践し，顧客も気づくことが
できない価値を提供できる人を指す。専門スタッフは顧客の声を最も近い場所
で聞き，価値提供できるために的確かつ十分なコミュニケーションを持つ。顧
客が店舗で商品を回覧しているとNWの商品を身に付けた専門スタッフが話し
かけてくれる。顧客とコミュニケーションを取る中で，「普段はどのような生
活を過ごされていますか。」や「どんなスポーツをされていますか。」などの質
問を通して顧客の特性を瞬時に判断する。顧客目線のパーソナルスタイリング
を得意とする。

　一方で，新型コロナウィルス感染症の影響に伴い，NWはオンラインでの情

報伝達も充実させる方向に大きく舵を切った。オウンドメディアとしては公式HPやアプリ，SNS（Facebook，Instagram，Twitter），YouTube，STAFF BLOGがある。SNSは店舗ごとにアカウントが分かれており，専門スタッフが顧客に情報発信を行っている。特にInstagramは更新頻度が高く，公式アプリと連動し，情報が発信されている。

3-5　価値の提供（チャネル戦略）

　図表5－3で示すようにNWの販売チャネルの軸は店舗にある。オリジナルブランドである商品やサービスは店舗でリアルに体験できるからである。NW.TOKYOが外苑前に位置している理由は，外苑前には神宮球場，東京体育館，秩父宮ラグビー場など多くのスポーツの場が集結し，多くのスポーツをする人・見る人が多数頻繁に訪れる立地だからである。

　NWは，ここ数年，期間限定のPOP UP店舗を関東近郊や関西の駅ビルや百貨店でも展開している。また新しい試みとしてPOP UPの「2ND EDIT BY NEUTRALWORKS.」が開催された（2021年1月5日－31日）。

　さらに，オンラインチャネルでも店舗と同様の商品を購入することができる。白黒のシンプルな商品構成，専門スタッフがモデルとなることで実物と同じイメージを膨らませることができ，オンラインでも正確に商品価値を提供されている。顧客は公式HPやアプリから情報をリアルタイムに取得し，来店前に情報を得て，実際に店舗で試着して購入できる。その後，オンラインでも一度購入した商品を再購入できるオムニチャネルに仕組みができあがっている。公式アプリでは最新情報がNEWSとして提供されていると共に，ROOMSの予約ができる。これは，SNSと連動することで顧客とのタッチポイントを増やし，潜在顧客の獲得へつながる仕組みであり，顧客もオンラインとオフラインのオムニチャネルにて，NWの商品やサービスを享受できる仕組みとなっている。

NEUTRALWORKS.のコミュニティのつくり方・活かし方

NWでは，価値の創造の部分でも，顧客への価値の伝達・提供の部分でもコミュニティが形成され運営されているとみることができる（**図表5－4**）。

価値の創造では，企業として，①既存ブランドでのMD，②他業種とのサービス企画・開発，③他業種との食品企画・開発と分類できる。①既存ブランドでのMDでは，基本コンセプトのもとで同社既存のスポーツブランドとNWオリジナルのアスレチック領域でのウェア・グッズが編集され，NWの価値が実現されている。また，②他業種とのサービス企画・開発では，トレーニングやコンディショニングなどのエクササイズ（サービス）が外部との連携も含め実現されている。例えば，健康医学や睡眠マネジメントの研究者である大阪府立大学名誉教授・清水教永氏の総監修のもと，カラダの「リカバリー」「メンテナンス」「トレーニング」というコンテンツを企画した。「REBOOTstretch」はプロスキープレイヤー佐々木明氏監修によるパーソナルストレッチのプログラ

図表5－4　NEUTRALWORKS.のコミュニティ型マーケティングの全体像（考察）

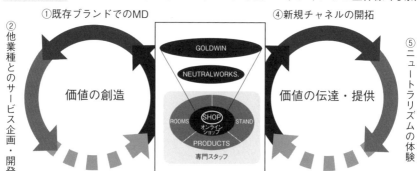

（出所）NW事業担当者へのインタビューをもとに筆者作成（2021）

ムである。さらに，③他業種との食品企画・開発では，ゴールドウインとしては異業種である飲料・食品企業との連携により，従来のスポーツブランドにない食品MDについても品揃えられ，NWの価値が創造されている。例えば，三浦野菜と連携しコンディショニングBOXやお弁当，デリなどを開発した。また，乳製品，動物性食材，白砂糖を一切使わないからだに優しいマクロビスイーツも開発・導入した。ただし，食品MD編集・企画・開発は現時点では道半ばで，今後一層の充実が期待されるところである。

　価値の伝達・提供では，消費者に向けての，④新規チャネルの開拓，⑤ニュートラリズムの体験，⑥自然界との「調和と共生」を構築するコミュニティの育成と分類できる。④新規チャネルの開拓では，NWとビジネス，ファッション，エンターテインメントが混在する最先端の場所から人々の暮らしに寄り添う生活提案型商業施設まで幅広い世代が行き交う場所に出店することで顧客の接点を年々増やしている。例えば，都内3店舗以外に六本木ヒルズや柏の葉 T-SITE内蔦屋書店，エスティネーション大阪店に1ヶ月限定のポップアップストアを展開した。また，新型コロナウイルス感染症の影響で客数が減少した時期には，NWはオウンドメディアでの価値伝達も強化した。本対応によりNWのブランドの認知だけでなく，リアル店舗の購入のリピートや潜在顧客の獲得につながった。

　⑤ニュートラリズムの体験では，「PRODUCTS」「ROOMS」「STAND」が組み合わせられている。ニュートラリズムとは，日常生活における運動，食事，睡眠を軸として，ココロとカラダをニュートラルに整えながら日常生活を過ごすことを指す。ニュートラリズムを体現している人々は，スポーツの概念を従来の競技ではなく健康をテーマにライフスタイルの中にスポーツを組み入れている。その状況下で，「スポーツライフスタイルで，24時間を過ごしたい人たちのためのココロとカラダをニュートラルに整える」というNWのコンセプトと一致しているのである。「PRODUCTS」「ROOMS」「STAND」がニュートラリズムの体験となるきっかけであり，共感した人々はNWのファンとなる。

ファンはスポーツライフスタイルを自ら実践・発信し，まだ価値を知らない人に対しての伝達も見られた。

　そして，それに続く段階（明らかになれば⑥にあたる段階）としての，NWのライフスタイルを日常として身に着け定着した顧客たちが，今後どのような動きを行うか（「コミュニティ型マーケティング」にいうCC-1やCC-2に当たる事象）は，NWの発足からあまり年次を経ていない，年若いブランドであるだけに今の時点では未確定な状況である。

▶ 5 ｜ 戦略展開の評価

5-1 従来にないスポーツの基本ドメインでのコミュニティ形成

　NWは，競技種目別・ブランド別でない，スポーツに共通する基本領域をドメインとし，使用するアスレチックウェア・グッズ，さらに飲料なども含むモノと，コンディショニング・エクササイズなどサービスソフトを1つのブランドとして編集したMDで，スポーツライフスタイルを日常的に継続的に楽しむ顧客を取り込んだ。その領域はプロアスリートから入門者・初心者までを取り込み，コミュニティを形成するものである。この領域に業界他社に先駆けて着眼し，店舗及びオンラインを場として実現したゴールドウインのマーケティング力が評価できる。

5-2 充実したパーソナル対応とコミュニティ形成

　スポーツのライフスタイルを日常化した顧客層は，さらなるパフォーマンスアップを望む。NWは彼らに対してウェア・グッズ・フードからエクササイズまでMDをトータルに揃えるとともに，専門スタッフを配備して，フレンドリーな接客を通じ，個々に確実なパーソナル対応を行い，顧客の共感や仲間意

識，さらにロイヤルティを高めていく構図が見られる。

　コミュニティ型マーケティングの観点で，価値の創造（**図表5－4の左部分**）では，①・②が現状と捉えられ，さらに③の他業種との食品企画・開発の発展が今後期待される。また顧客への価値の伝達・提供（**図表5－4右部分**）では，④・⑤の展開に加え，今後⑥へのコミュニティ育成の可能性が見出される（**▶7　今後の戦略展開の可能性**で詳述）。

▶ 6 ｜ 実現要因の考察

6-1　ライフスタイルとしてのスポーツへの進化への対応： マーケティング環境へのフィット

　多くの人々の日常生活において，スポーツがライフスタイルとして浸透し，ゴールドウインが長年提供していた商品がビジネスやプライベートのシーンでも使用される機会が確実に増えた。例えば，忙しく働くサラリーマンが使用するビジネスバックの形はブリーフケースからリュックサック（バックパック）に変化した。また，登山や旅行などに使用していたウェアを日常生活の一部として使用している人々も増えている。街を歩けば，子供からシニア層までの幅広い世代がゴールドウインの商品を着ている機会を多く目にする。

　このような市場環境の変化に合わせて，NWの「PRODUCTS」は性別や世代，特定のスポーツに限らないすべての商品を日常でスポーツを楽しむ人々に使用してもらえるシンプルかつ機能性が高い商品となっている。また，忙(せわ)しない毎日を過ごす人々は「ココロとカラダを整えたい」と考えるようになる。それには，NWの「STAND」（食・飲料）や「ROOMS」（エクサイサイズ・サービス）が対応する。日常的にスポーツを楽しむ人々に潜在的にあったと思われるワンストップでトータルにコンディショニングの商品とサービスが揃う場が，NWによって具現化し，覚醒した顧客の心をつかんだともいえよう。

6-2 専門的でトータルに顧客対応できる専門スタッフの存在：
パーソナルスタイリング

　NWにおいて店頭販売及びトレーニングサービス提供の役を担う専門スタッフは都内3店舗だけでなく，オンラインストアでも積極的にNWの商品やライフスタイルを発信している。時代に柔軟に合わせたオンラインとオフラインのマーケティングを駆使して，商品・サービスの向上を図ることで顧客の利便性を高め，売上拡大へつなげている[3]。

　また，専門スタッフの顧客コミュニケーションからの価値の新規創造能力にも注目される。NWは特定のスポーツに絞らない商品・サービス揃えであるからこそ，専門スタッフが接客から新たな価値の創造と提供につなげた例が複数にある。例えば，1つ目は，性別を超えた新しい価値の創造と提供である。女性ブランドとして確立しているDANSKINはヨガやストレッチで使用する商品であるが，顧客の声をもとに男性用にカスタマイズし性別を超えた新しい価値を実現できた。2つ目は，顧客のライフスタイルに合わせた商品価値の可能性を広げたことにある。ゴルフを趣味とする顧客がNWに来店したとき，当初は購入予定ではなかった製品を手にした。専門スタッフが顧客のライフスタイルを引き出す会話をしながら，顧客のライフスタイルに当てはめた使い方・楽しみ方をアドバイスし「パーソナルスタイリング」を提供することができた。このように，NWの専門スタッフの顧客コミュニケーション力や個々への対応力が，顧客のNWへの共感を生み，リピートの来店や購入につながりNWのコミュニティへの参加につながっていくとみられる。

---

　[3]　NW事業の専門スタッフは事業運営及び商品企画のグループと，店頭販売及びトレーナーのグループに分かれる。事業運営及び商品企画の専門スタッフが各商品とサービスを企画・開発し，店頭販売及びトレーナーが顧客に伝達・提供している。NWの商品は流行の色やデザインに合わせるのではなく，NWのコンセプトを正しく実現する色やデザイン企画を重視しており，その業務を事業運営及び商品企画のグループが担当している。

▶ 7　今後の戦略展開の可能性

　今後の戦略展開は，既存の価値提供に加えてNWのコミュニティ構築が鍵となる。その際に，前提となるのはNWの存在価値である。NWのブランドコンセプトは，「スポーツライフスタイルで，24時間を過ごしたい人たちのためのココロとカラダをニュートラルに整える」であるが，NWは2020年の出来事を総括し，ブランドとして「ニュートラル」について「カラダを動かす（DO EXERCISE）」「バランスの良い食事を摂る（EAT）」「良い睡眠を取る（SLEEP）」「新しいことにチャレンジする（CHALLENGE）」という4つのキーワードを提示した。

　筆者はこれら4つの要素を熟考し，その構成要素の関係性を自分なりに考察するとともに，それを踏まえ，NWとしての今後の戦略展開も構想した（**図表5－5**）。

　「BE NEUTRAL.（ニュートラルになろう）」を実現するために，全ての土台となる3つのキーワード－「カラダを動かす（DO EXERCISE）」「バランスの良い食事を摂る（EAT）」「良い睡眠を取る（SLEEP）」が位置づけられる。これらは人間が健康を維持するために必須であり，いずれもバランスを崩してはならないものである。スポーツライフスタイルを提供するNWにとって，これらは重要なキーワードとなり，その方向で製品やサービスが今後開発されていくことが想定される。そしてその新しい価値創造は，従来のスポーツメーカーの取り組みを超えた業種・関係先との協働（いわゆる新たなBBの関係，**図表5－4**参照）によってより活発に実現されるものと思われる。

　そして，3領域のバランスが維持され，「ニュートラル」が常態化できると，顧客は次に「新しいことにチャレンジする（CHALLENGE）」へと進むと考えられる。つまり，日常の中に余裕が生まれることで「好奇心」や「集中力」が高まり，今までの日常生活に新しいことを取り入れることや予想外のものを発見することになるからである。

図表5−5　NEUTRELの定義（構成要素の関係性）

（出所）NWウェブサイトをもとに筆者作成（2021）

　従来のスポーツブランドは，競技のイメージが強いが，NWは前述のように，ココロとカラダと上手に向き合うライフスタイルとしてスポーツを再定義している。ゴールドウインの企業方針「スポーツを通じて，人間らしさの根源を見つめ直したい」（渡辺貴生社長）からもNWは，同社のオリジナルブランドとして，とても重要な位置を占めていると理解される。

　人々の生活にデジタルが浸透することで何事にも効率性が重視され，多くの人々が忙しない日々に疲弊している。そのような環境の中で「人間の本質（人間らしさ）」を追求するNWは独自の存在感があり，その価値に顧客は共感する。多くの人々が，自然体でカラダを動かし，バランスの良い食事や健やかな睡眠をとるようなライフスタイルが定着していくことで，図表5−4で示す，自然界と「共生と調和」を生むコミュニティが形成されていくのではないだろうか。

　また先行きが見えづらい現代において「BE NEUTRAL（ニュートラルになろう）」というスタンスは，スポーツ領域を超えて，多くの人々の共感を呼び，

新しい生活価値観とライフスタイルとなり，NWは，それを提唱する先駆者となるだろう。

▶ 8　NEUTRALWORKS.のコミュニティ型マーケティングからの学び

　NWのコミュニティ型マーケティングからの学びは3つある。

　第一に，スポーツの概念を再定義したことである。従来はスポーツのイメージは競技に絞られていた。しかし，ライフスタイルとしてスポーツを位置づける，いわゆるスポーツライフスタイルが日常生活にとても身近な存在となった。さらに「BE NEUTRAL.（ニュートラルになろう）」という価値観を掲げ，コンディショニングを重視したことで，スポーツを精神面も含むライフスタイル領域として深め，発展させることになったと考えられる。

　第二に，「NEUTRAL.（ニュートラル）」というスタンスは，基本に立ち返り，新しいライフスタイルのあり方も規定する。そこから食や睡眠といった生活分野にもビジネスの価値創造・伝達・提供の範囲が広がり，それに伴い新たな領域の企業との関連性を広げている。そして，NWが経営資源と事業間シナジーをうまく活用していることが重要である。具体的には，ゴールドウインが有する海外の提携ブランドとオリジナルブランドの編集や，オリジナルブランド同士のコラボレーション，さらには，NWというブランドで統一したデザインやテイストでの食や雑貨などの商品開発や編集コーディネーションによって，競合企業には模倣困難なMD（価値）をつくりあげている。

　第三に，パーソナルスタイリングのスキルを持つ専門スタッフの顧客対応力の重要性である。どんなに良い製品を作れたとしても，それらをうまく品揃えできたとしても，それらの価値を的確に顧客に伝える人たちが必要である。NWの専門スタッフは，単に販売員としてモノを売るのではなく，顧客に寄り添いフレンドリーな顧客対応で，顧客個別ニーズにトータルに対応する，いわ

ば「パーソナルスタイリング」ができる対応力を備え，発揮している。これこ
そが，コミュニティ型マーケティングの形成と運営にきわめて重要であること
を学んだ。

　以上の３つを踏まえて，NWはスポーツライフスタイルをココロとカラダを
ニュートラルに整える独自のコミュニティ型マーケティングを確立できるので
はないだろうか。また，オリンピックと強いつながりを持つ企業として，オリ
ジナルブランドを創造し，オリンピックを契機に日本，そして世界に価値伝
達・提供していくものと期待される。

◉参考文献
淺羽茂・牛島辰男（2010）『経営戦略をつかむ』有斐閣
宮副謙司編著（2015）『ケースに学ぶ　青山企業のマーケティング戦略』中央経済社
佐藤尚之（2018）『ファンベース―支持され，愛され，長く売れ続けるために』ちくま新書
佐渡島庸平（2018）『WE ARE LONELY,BUT NOT ALONE. 現代の孤独と持続可能な経済
　圏としてのコミュニティ』幻冬舎
宮副謙司（2021）「コミュニティ型マーケティング　新たなマーケティング・フレームワー
　クの考え方」日本マーケティング学会Working Paper Vol.7 No. 4

株式会社ゴールドウイン
　2019年３月期決算 投資家向け説明資料（2019年５月28日）
　2020年３月期第２四半期　決算説明会資料（2019年11月28日）
　2020年３月期第３四半期　決算説明会資料（2020年２月７日）
　2021年３月期第１四半期　決算説明会資料（2020年８月６日）
　2021年３月期第２四半期　決算説明会資料（2020年11月６日）
　2021年３月期第３四半期　決算説明会資料（2021年２月５日）
　第68期事業報告書（2018年４月１日から2019年３月31日）
　第69期事業報告書（2019年４月１日から2020年３月31日）

・人間らしく生きるために。ゴールドウインがスポーツに見た夢（2016年６月11日）
　https://wired.jp/2016/06/11/vol23-goldwin/
・疲れた腸をデトックスするヨガイベント「Conditioning Yoga」をチェック！（2016年10月
　５日）https://aloe.style/articles/79522
・繊研新聞「ゴールドウイン「ニュートラルワークス.」事業に手応え」（2019年４月22日）
　https://senken.co.jp/posts/goldwin-190422

・NEUTRALWORKS.は、「感性のスポーツ」でウェルビーイングを実装する（2019年4月29日）https://wired.jp/2019/04/29/neutralworks_wellbeing/
・NEUTRALWORKS.：ニュートラルになろう（2020年12月21日）
　https://www.goldwin.co.jp/neutralworks/feature/be-neutral/
・スポーツ用品業界 売上高＆シェアランキング（2019年-2020年）
　https://gyokai-search.com/3-sport-maker.html

第6章

東京ヤクルトスワローズ

Summary

東京ヤクルトスワローズは，株式会社ヤクルト球団が運営する，創立52年の
プロ野球球団であり，東京に拠点を置き，多くの人気選手が幾多の熱戦を繰り
広げ，多くのファンを魅了している。

そこには，他の球団と同様に，多くのコミュニティが形成されているが，決し
て常勝軍団ではないスワローズならではの「居心地の良さ」といった価値（体
験）が，コミュニティの持続的な維持に寄与しており，チーム成績の善し悪し
に関わらず，多くのファン（ビジターファンも含めて）が球場に足を運ぶ状況
を生み出している。

今後，本拠地・明治神宮野球場の建て替えや，デジタル等の活用を通じて，こ
れまで以上にコミュニティの多層化が進展することで，他球団にはない，東京
ヤクルトスワローズならではの，新たなビジネス展開を推進できる可能性を秘
めている。

Key Words

スポーツビジネス，観戦体験，多様なコミュニティ，
業界主流に乗らないポジションでの成長可能性，コンテンツとデジタル化

Data

社名：株式会社ヤクルト球団（運営チーム：東京ヤクルトスワローズ）
事業内容：プロ野球興行
設立：1950年

※　本章の当該企業の事例研究の記述について，企業概要や展開の現状に関しては，一般に入手
可能な公開情報に基づき記述している。本章にありうべき誤りは筆者に帰するものである。取
組みの評価や今後の展開に関しては，筆者の考察に基づくものであり，当該企業の見解ではな
い。

▶ 1 はじめに

　プロ野球のセントラル・リーグに属する「東京ヤクルトスワローズ（以下，「スワローズ」）」は，株式会社ヤクルト球団（以下，「球団」）が運営するプロ野球チームである。

写真6－1　東京ヤクルトスワローズ　チームイメージ画像

（出所）東京ヤクルトスワローズFacebookページ（2021年3月8日入手）

　プロ野球は，古くから，球場での観戦の人気が高く，また，当たり前のようにテレビで試合が放映されており，国民的なエンタテイメントであった。スワローズをはじめ，各球団がファンクラブを組成し，ファンを囲い込み，チケットやグッズを販売するといった画一的な戦略を取っていた。各球団のファン達も，観戦チケットを一般販売に先駆けて購入できたり，ファンクラブ限定のイベント等で選手と直に触れ合うことができるなど，特別な待遇に満足していた。

　しかしながら，1990年代以降，Ｊリーグをはじめ，他スポーツでのプロリーグ化が進んだほか，オリンピックや国際大会などを通じて，プロ化していないスポーツへの注目が高まったこともあり，人気が各スポーツへ分散し，相対的にプロ野球人気は陰りを見せ始めた。さらには，人気・実力のあるプロ野球選

手がアメリカ・メジャーリーグへ挑戦し始め，テレビやインターネットを通じて，その活躍を容易に観戦できるようになったことも，日本のプロ野球人気の低下につながっていった。

　加えて，近年では，デジタル化も相俟って，エンタテイメントの多様化が進み，プロスポーツ観戦以外の楽しみが多く存在する世の中になった。絶対的なプロ野球人気があった時代は良かったが，このような大きな環境変化の中で，各球団とも，ファン目線での改革は大きく推進できていない状況が続いていた。

　本章では，伝統的なエンタテイメントであり，ファンコミュニティを早くから形成していたプロ野球球団が，近年，マーケティング戦略上，どのようにコミュニティを活用し，人気の復興に取り組んでいるかを探るべく，青山企業の1つである東京ヤクルトスワローズに焦点を当てて考察していく。

▶ 2 ┃ 東京ヤクルトスワローズの概要

2-1　球団の概要

　球団は，プロ野球チームの「スワローズ」を運営し，プロ野球の興行を行う企業である。本球団は，遡ること約70年前の1950年に，国鉄が当時労働紛争下にあった職員の団結を目的として，プロ野球チームを結成した際の「国鉄球団」が母体であり，その後，産経新聞等への譲渡という経緯を経て，1969年に株式会社ヤクルト本社（以下「ヤクルト本社」）がオーナーとなった。

　現在の株主構成は，ヤクルト本社が80％，ヤクルト本社の連結子会社の株式会社フジ・メディア・ホールディングスが20％である。球団は，ヤクルトグループ全体のCSR活動として，OB・現役選手を中心に，「東京スワローズ野球教室」を全国で定期的に開催するなど，グループの地域社会との関わりの一端を担っている。さらには，スワローズの試合観戦チケットを，ヤクルト本社の株主や，ヤクルト本社の主力商品である"ヤクルト"の販売促進先への配布を

通じて，一定のグループ貢献を果たしている。

　直近の球団の決算公告（2019年12月期）によると，最終損益が100百万円の黒字であるが，スワローズをグループの広告宣伝機能として位置づけていることから，ヤクルト本社が一定の経営支援を行っているのではないだろうか。

2-2　スワローズの概要

　スワローズは，東京都を保護地域[1]（各球団の都道府県単位の保護地域）とし，東京都新宿区にある明治神宮野球場（以下，「神宮球場」）を本拠地としている。これまで，地方へのフランチャイズ移転が繰り返し噂されてきたが，現在も神宮球場を本拠地とし続けている。

　前述の決算公告によると，球団の総資産は3,177百万円であり，球場を自社所有していないため，他球団と比較すると資産規模は最小となっている。現在の監督は，高津臣吾氏（元スワローズの投手）であるが，球団は，スワローズ出身の監督・コーチを登用することが多いほか，過去球団社長であった松園氏が，引退選手をヤクルト本社で雇用するなどの対応をしていたこともあり，スワローズは「ファミリー球団」と言われる由縁となっている。

　過去の戦歴は，1950年からの71年間で，Bクラス（6球団中，4位以下）が52回，うち最下位が18回。リーグ優勝は7回で，うち日本一は5回となっている。このうちリーグ優勝3回，日本一3回を誇るのが野村克也監督の時代（1990〜1998年）であり，スワローズの「黄金期」と言われている。2001年を最後にリーグ優勝から遠ざかっていたが，最近では，2015年に14年ぶりにリーグ優勝を果たした。ただし，以降の成績は低迷しており，2020年は，41勝69敗の最下位で終了した。スワローズファンによると，「チームが負けるのは当たり前」であり，「たまに勝つと，非常に嬉しい」というコメントが聞こえ，ファンの勝敗に対する期待値は比較的低いようだ。

　また，スワローズには，「つば九郎」，「つばみ」，「トルクーヤ」という3体

---

1)　各球団は，都道府県単位の保護地域を持ち，公式戦ホームゲームの半数以上を保護地域内の専用球場で主催する義務を負う。

のマスコットがおり，試合の合間やイベント時に見せるパフォーマンスで，ファンを楽しませている。

　特に，「つば九郎」は，マスコットなのに，どこか捻（ひね）くれており，ファンが言いたくても言えないチームへの思い等を，得意のフリップに間髪入れずに書き込み，ファンの笑いを誘うことで有名である。また，様々なファンイベントにも参加し，球界内で最も認知度が高いと言われ，特に，野球に興味がない層に対するマーケティング活動の一役を担っている。

2-3　明治神宮野球場（神宮球場）

　スワローズが本拠地とする神宮球場についても，コミュニティ戦略を考察する上で，重要な要素となるため触れておきたい。

写真 6－2　神宮球場

（出所）明治神宮野球場　公式Twitter（2021年 3 月21日入手）

　神宮球場は，東京都新宿区の明治神宮外苑に所在し，宗教法人明治神宮が所有する野球場である。1924年（大正13年），明治神宮外苑に競技場（旧・国立競技場）が完成したことを契機に，全国にスポーツ熱が波及する中，特に野球では，東京で早慶戦の復活や東京六大学野球連盟結成の動きがあり，外苑内に

野球場の建設を要望する声が高まった。その結果，翌年の1925年（大正14年）に外苑創建の精神に抵触しない範囲で野球場の建設が決定された。絵画館をはじめとする外苑全体のバランスを考え，建物その他の高さは制限され，スタンドも美観を損じないことを主眼に造成され，1926年（大正15年）10月に竣工した。

　このような経緯で設立された神宮球場は，スワローズの本拠地である一方，高校・大学野球の開催球場であるほか，神宮球場の横にある軟式野球場も「アマチュア野球の聖地」とされており，多面的な顔を持つ球場である。
　現在のプロ野球では，球団と球場を一体的に運営することで，事業リスクを回避しながら，マネタイズ強化とコスト削減を図り，自律的な経営を志向する動きが目立っている。近年の事例では，2012年にソフトバンクが福岡ドームを，2016年には，横浜DeNAベイスターズが横浜スタジアムをそれぞれ買収し，一体運営に転換している。球団と球場の，いわゆる分離経営を行っている球団は，スワローズをはじめ，読売（巨人），中日，北海道日本ハムであり，プロ野球の中ではマイノリティである。
　直近では，2021年1月，三井不動産株式会社が，読売（巨人）が本拠地とする，株式会社東京ドームに対するTOBを成立させたと発表した。今後，完全子会社化した上で，同株式の20％を読売新聞グループ本社に譲渡して3社で資本業務提携を結ぶとしており，一体運営に向けた道筋が見えてきた。

　一方，スワローズの本拠地である神宮球場に話を戻すと，他球団のファンにとっての天国，という言葉を見かけることがある。これは，ビジター席に規制がない，ビジター球団の応援に邪魔が入らない，ことが由縁と言われている。東京ドームでは，（阪神戦以外）外野席ではレフト側の半分までが巨人応援席として指定されていることに加え，フィールドを取り囲む内野席の前方の席は，1塁側・3塁側ともに年間指定席で一般には購入することができない。3塁側の内野にも巨人の応援席が細々と入り込むため，他球団のファンからすると，

チケット取得が困難なだけでなく，ファンが分断されるため，居心地が悪いのだ。

その点，神宮球場は席に制限がない上，どのチームが相手でも必ずラッキー7でBGMを流すなど，他球団の居心地の良さを自ら創出している。神宮外苑全体の設立趣旨を背景に，昔から様々な人が集ってきたため，神宮は「パブリック」な面があることも相俟って，スワローズの試合に足を運ぶと，他球団のファンでも居心地が良い，という不思議な球場となっている。

2-4 他の在京球団との比較から見るスワローズの特徴

近年，同じセ・リーグの在京球団である，読売（巨人）・横浜DeNAでは，様々な経営改革を行っているが，スワローズには大きな変化（特徴）が見られない。

巨人は全国的に知名度が高く，2020年も，日本一をかけたソフトバンクとの戦いで敗れはしたが，圧倒的な強さでリーグ優勝を果たし，過去の戦歴も十二分である。前述のとおり，今後，本拠地・東京ドームの運営にも参画することで，これまで十分に行えなかった球場改革を推進し，ファンの満足度を上げることに注力していくだろう

一方，横浜DeNAは，近年，チーム成績が低迷していたほか，横浜に本拠地を構えながら，地域とのつながりにも強い印象はなく，どこか今のスワローズと類似するような印象があった。しかし，親会社がDeNAになってから，様々な改革を推進してきている。前述のとおり，球団・球場の一体運営に舵を切ったうえで，チーム選手の育成も積極的に行っているほか，地元横浜との連携を図る施策を次々と打ち出している。

この点，スワローズは，知名度，地域密着度，チーム戦歴，球団・球場一体運営などの点で，他の在京球団と比べ，大きな特徴がない（＝近年，大きな変化がない）球団と言える。

ただし，本拠地が大都市・東京であることに加え，ホームスタジアムが神宮球場であることから，多くの潜在的な顧客にリーチできるという点が他球団に

比して特徴（強み）ではないだろうか。例えば，東京の球団として認知され，子供から大人まで，潜在的なファン（昔ファンだった／現在ファンであるが，球場には足を運んでいない層）が多く存在することや，他球団のファンであっても，他球団との試合が神宮球場である際に，来場する可能性がある層が多く存在する。

さらには，本拠地の神宮球場がアマチュア野球の聖地であり，かつ，都内からのアクセスが抜群であることから，高校野球・大学野球の公式戦などを通じて，神宮球場で野球を観戦することが好きな層や，アマチュア野球で神宮内の野球場で実際にプレーしている層など，野球に強い関心がなくとも，仲間とともに，仕事帰りに，神宮球場に足を運んだ経験を有する，または，経験談を聞いたことがある層が存在すると考えられる。

今後のスワローズのコミュニティ戦略を推進するうえで，上記のような「多様性」は強みになり得ると考える。

▶ 3 スワローズのマーケティング戦略

3-1 ターゲット顧客

スワローズの主要顧客（ファン）について，正確なデータは把握できないが，東京在住または東京在勤者がメインであり，また，スワローズや神宮球場という特性を加味すると，スワローズファンに限らず，ビジターファンも多く球場に足を運んでいると想定される。

スワローズ戦の入場者数の推移は，基本的に，セ・リーグ全体と同様の動きを示している。野村監督が指揮を執り，古田・池山・広沢などの中核選手を中心にチーム力が高く，勝利を重ね，リーグ優勝・日本一を多く実現していた黄金期には，1992年でピークの247万人，1試合平均で38千人であり，神宮球場がほぼ一杯となる水準を誇っていた。しかしながら，以降はチーム成績の低迷

に伴い，150万人（ピーク時の約60％）を下回っていた時期もあったが，近年
では200万（同約80％）に迫る水準まで回復している。

図表6-1　スワローズの入場者数

（出所）一般社団法人日本野球機構 統計データ（2021）

　入場者数が低迷していた当時は，プロ野球離れという構造的な変化に加え，
チームの低迷も相俟って，ファンを囲い込むための，抜本的な戦略の見直しが
必要であったと想定できる。特に，球団・球場の一体運営ではないスワローズ
は，来場客数を増やすことに注力するしかなかったのだろう。
　当時の低迷期における課題と戦略方向性（仮説）として，まずは，「チーム
力の強化」があげられるだろうが，本書のテーマであるマーケティングに係る
2つの課題に触れておきたい。
　1つ目は「チーム成績に依らず，スワローズファンに球場に足をより運んで
もらうこと」である。チーム成績が不安定な中でも，いかに，スワローズファ
ン（顕在的ファン）に，今まで以上に来場してもらうのか，ということである。
これには，神宮球場に来場しやすくする，多く来場するとファンに良いことが
ある，試合観戦以外にも来場する目的を作るなどの施策が考えられる。
　2つ目は「非スワローズファン（ビジターファン／野球に興味がない層）に

球場に足を運んでもらうこと」である。首都圏エリアに多く存在するビジターファンにも，神宮球場に足を運んでもらうための取組みとともに，潜在的なスワローズファン，野球に興味がない層も取り込むことが重要であり，その潜在的な顧客が多いことは前述のとおりである。

3-2 価値の創造

　スワローズが提供する価値の中核は，「野球コンテンツ」であるとともに，球場での「観戦体験」である。その他，グッズや観客席，飲食サービス，イベント等は，コアな価値をサポートし，顧客の満足度を高める体験と位置づけられる。

(1)　野球コンテンツ

　年間約140の試合を開催し，その勝敗によって，セ・リーグや交流戦の優勝，さらには，パ・リーグの覇者に勝利し，日本一を目指すスポーツエンターテイメントのコンテンツである。そのため，チームの成績が良い方が，優勝に向けた緊迫した熱戦という希少な観戦機会を提供できるため，顧客（ファン）は球場に集まる構図となっている。

　また，チーム成績以外にも，選手個人の「打率」「本塁打」「（投手の）勝利数」「新人王」などといったタイトル争いも定番化されており，チームが弱くとも観戦の楽しみが維持でき，本コンテンツの魅力の1つとなっている。

(2)　観戦体験

　上記コンテンツを球場で直に観戦する体験こそ，スワローズをはじめ，各球団が提供しているコアな価値である。

　さらには，顧客によって，期待（重視）している体験価値が複層的であることが特徴であると言える。つまり，「チームと自分を重ね合わせ，真に応援する」事だけではなく，「純粋に試合の展開を楽しむ事」や「（解放感のある球場で）仲間と飲食をする事」，「特定の選手と同じ空間にいる事」，「その日にしか

行われないイベント（花火等）を楽しむ事」など，顧客それぞれが様々な体験価値を求めて，球場に足を運んでいるのだ。

(3)　その他

上記2つの価値をサポートし，顧客それぞれの満足度をサポートするサービスとして，グッズ，飲食サービス，イベント等を企画・提供している。他の球団では，VIPルームなど，多彩な観客席（の種類）にも力を入れているが，神宮球場を本拠地とするスワローズでは，観戦エリアによる区分は一定存在するが，他球団との相対比較の中では，ファンの満足度に大きくつながるような特徴的な観客席は存在しないと考えられる。

3-3　価値の伝達

スワローズは，他の球団と同様，ファンクラブを作り，その上でチケットやグッズを販売するといった，ファンとのコミュニケーションを推進している。

また，ホームページやSNS（You Tube/Twitter/Instagram等）を通じて，日々変化するチームや選手の情報や，限定の飲食メニューやグッズの情報，開催イベントの情報など，顧客それぞれが関心を抱く情報の発信や，新たな観戦体験の提案を継続的に行い，3−11月の約8ヶ月という長いペナントレースの期間中，球場への来場を促進し続けている。

さらには，株主であるフジ・メディアホールディングのメディアを活用し，チームや選手のニュースや特集コーナーを組みやすいのも，スワローズの特徴であろう。

(1)　ファンクラブ

プロ野球球団の伝統的なマーケティング手法の1つが公式ファンクラブであり，複数の会員種別を設定し，ファンの熱量に応じて，入会しやすい構成としている。スワローズのファンクラブである「SWALLOW CREW」には，プラチナ会員からライト会員まで計5種類の会員種類が存在するが，従来は，この

種類が1-2種類程度であったところ，年々増加させ，ファンの熱量の多寡に応じて，会員種類ごとに得られるメリットを設定し，入会金額に差をつけている。

この他，無料会員（無料のファン会員）も設定されており，無料で登録すると，ファンクラブ会員と同様に，オンラインでのチケット・グッズの購入が可能となる。これは，多くの，他球団のファンや野球好きではない層が来場するスワローズには必須の制度といえる。

ファンクラブに参加すると，ユニフォームや記念品，ファンブックがもらえるだけではなく，チケット割引・先行取得，ポイント制度への参加，限定イベントへの招待など，スワローズファンにとっては嬉しいメニューが揃っている（但し，他の球団も同様）。

このように，顧客をより細分化して，その区分に応じて，制度設計することで，スワローズとの繋がりを感じながら，球場に足を運びやすく，または，足を運びたくなるサービスを提供している。

なお，21年度のファンクラブ会員の申込が開始されているが，既に最上位のプラチナ会員は受付を終了している（2020年11月時点）

(2) SNS・つば九郎を活用したコミュニケーション

スワローズでは，You Tube，Twitter，InstagramなどのSNSを通じて，様々な情報を発信しており，特に，ファンとのコミュニケーションで活躍しているのが，マスコットの「つば九郎」であり，上記SNSにおいても情報提供主体として多く登場している。

前述したように，つば九郎は，試合の合間やイベント時に見せるパフォーマンスで，ファンを楽しませてくれるが，マスコットなのに，どこか捻（ひね）くれており，ファンが言いたくても言えないチームへの思い等を，得意のフリップに間髪入れずに書き込み，ファンの笑いを誘うことで有名である。

加えて，各球団のマスコットが参加するファンイベント・地域イベントにも多く参加し，他球団のマスコットとの絡みも面白く，認知度が高い。特に，野

球に興味がない層に対するコミュニケーション活動に大きな役割を担っている。

3-4　価値の提供

スワローズの価値（野球コンテンツ，観戦体験）の提供は，主に，球場というリアルな場で行われている。

球場以外での価値提供の手段として，これまで，テレビ（地上波）で多くの試合が放送されていたが，視聴率の低下等に伴い，放送機会が大きく減少し，現在では，ネット配信（DAZN，スカパー！等）を通じて，全試合を観戦することが可能になっている。但し，スワローズが提供する観戦体験としては，野球の試合というコアコンテンツを肌で感じ，顧客それぞれが求める体験（応援・飲食・イベントへの参加等）を得るには，球場というリアルな場に足を運ぶしかないのが現状である。

▶ 4 スワローズのコミュニティのつくり方・活かし方

スワローズは，大きく2つのコミュニティを形成していると考える（**図表6－2**）。第一は，野球コンテンツを直接観戦するために，球場に足を運んだ顧客それぞれが自発的に形成している「球場内のコミュニティ」である。第二は，球場以外で形成される「球場外コミュニティ」である。

スワローズは，野球コンテンツの価値（チーム・選手の成績や，試合の満足度など）の向上という不確実性が高い取組みを強化することで各顧客（コミュニティ）の満足度を高めることはもちろん，球場内外で形成される，それぞれのコミュニティに対する周辺サービスを強化することで，顧客満足度の向上と来場（再来場）の促進を実現していると考えられる。

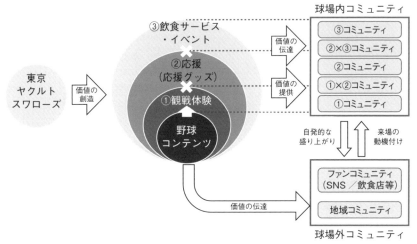

図表6−2　スワローズのコミュニティ型マーケティングの全体像（考察）

（出所）筆者作成（2021）

4-1　球場内コミュニティ

　スワローズが提供する顧客価値の中核は，言うまでもなく「野球コンテンツ」であり，その「①観戦体験」である。その上で，球場に足を運ぶ顧客それぞれが期待する体験価値は細分化されていると言え，「②応援（応援グッズ）」，「③飲食サービス（の利用）やイベント（への参加）」によって充足されていると捉えられる。

　実際には，上記①−③の個別の体験だけではなく，複合的な期待により来場していると想定されるため，コミュニティとしては，**図表6−2**で示した5つに大別されると言える。

（各コミュニティの事例）

①　　　：純粋に観戦を楽しむコミュニティ（スワローズのファン同士，他球団のファン）

①×②：応援席付近で，他のファンとの一体感の中，観戦を楽しむコミュニティ

②　　　：応援団とともに，応援自体を楽しむコミュニティ

②×③：応援席付近で，一緒に球場を訪れた仲間と飲食を楽しむコミュニ
　　　　ティ

③　　　：初めて（久しぶりに）来場し開放的な球場で飲食をメインに楽しむ
　　　　コミュニティ

　これらを俯瞰的にとらえると，神宮球場内では，様々な動機や経緯で来場した顧客たちが，自身の居心地の良いコミュニティの中で時間を過ごしていることが想定される。神宮球場という特殊な球場が，スワローズファンだけではなく，他球団のファンや，その友人・家族，仕事帰りのサラリーマンなどを受け入れ，ある意味「パブリック」的な雰囲気の中で試合が展開されるのが印象的である。また，スワローズという共通の話題を通じて，他のコミュニティと融合しやすく，球場での新しいコミュニティ（楽しみ方）との出会いも含めて，価値になっているのではないだろうか。

　なお，直近では，ファンクラブの会員とともに主催試合のイベント企画を行うといった活動に加え，野球観戦に不慣れなファン向けの「はじめてのスワローズ観戦ガイド」を発行し，チームや選手・野球のルールを丁寧に紹介するなど，熱狂的なファンだけではなく，初心者のファン向けの活動も見られる。このように，球団としても，球場に集う多様なファンを念頭に，観戦体験の魅力作りにも取り組んでいることが伺える。

4-2　球場外コミュニティ

　球場外では，試合観戦後のファン同士の集まりや，試合開催に依らず，チームや特定の選手を応援するコミュニティが存在しており，スワローズファンが集う居酒屋などは東京各地に点在していると言われている。これは，ファン自身が創出しているコミュニティであり，そこでの体験（盛り上がり）を契機に，再び，リアルの場である神宮球場に集まるといった循環に寄与していると言える。

また，大都市東京に本拠地を構えるがゆえに，強力なコミュニティにはなっていないが，球団では，新宿・渋谷・港区の小学生に帽子を無料配布しているほか，無料招待を約40年継続実施していると言われ，地元・東京での地域コミュニティも存在する。スワローズを身近に感じ，育った子供達が，年を重ねて，再び神宮球場に足を運ぶ。そのような長期的な循環もコミュニティ全体の維持・成長には必要な取組みと言える。

▶ 5 | 戦略展開の評価

5-1 戦略の独自性

スワローズには戦略の独自性を阻害する制約が多く存在するため，ソフトサービスを中心に，他球団の各種取組みを模倣することで，顧客の満足度を高めてきた側面はあるのではないだろうか。

特に，近年の球団経営において注力されている「球団と球場の一体運営」は，応援や飲食といった観戦体験の魅力を大きく改善するだけでなく，多様な収益源を構築するといった点でも注目されており，近年での，ソフトバンクや横浜DeNAが球場を買収する動きは前述のとおりである。その点，スワローズでは，神宮球場の所有者から借り受けて興行を行っており，観客席の種類の拡大（VIP席等）や，飲食サービス・グッズ販売などに制約があるため，顧客の満足度に繋がる施策のうち，スワローズが独自に実行できる施策は相対的に限られ，他球団との差別化が難しい状況と想定される。

そのような制約下においても，ファンクラブの改革，グッズ販売の強化，飲食メニューの改善，SNSを通じたコミュニケーションの強化など，実現可能なソフト面の改善施策を着実に実施した点は評価できる[2]。

---

2) なお，本論は，公開情報を基にスワローズのコミュニティ戦略について考察しており，他球団との戦略比較を詳細に行ったものではないことは補足しておく。

5-2　地元との連携

　スワローズの戦略展開の中で，地元・東京との連携強化という点も特徴的であり，特に活動が盛んであった2006年当時の古田監督は，地元との連携を意識して様々な取組みを進めてきた。近年に至るまでの継続的な動きに発展していないように見えるが，現在のスワローズにも繋がるいくつかの施策が実施された点は評価できる。

（取り組み事例）
①：地元密着を志向し，チーム名に都市または地域を入れることを提案し，「ヤクルトスワローズ」から「東京ヤクルトスワローズ」に変更
②：都民参加型のチームを作るという観点から「東京都民銀行」等とスポンサー契約を締結（その後解消）
③：古田監督自ら，神宮球場長・地元青山の商店会に挨拶に出向くなど，積極的なコミュニケーションを実施した結果，球場改修が可能となり，また，選手の特大ポスターが球場周辺に飾られた

▶ 6　実現要因の考察

　スワローズがコミュニティ型マーケティング戦略を推進し，近年入場者数を伸ばすことに成功した要因としては，以下の2点が挙げられるのではないだろうか。

　第一は，各顧客（コミュニティ）が，長年の成績不振等により，コアな価値である「野球コンテンツ」での熱狂に期待し過ぎず，球場での多様な「観戦体験」に期待の重きを置いていることである。第二は，多様な「観戦体験」の存在を認めた上で，各顧客（コミュニティ）の，他の顧客（コミュニティ）に対する許容度が非常に高いことである。

6-1 多様な「観戦体験」への期待

　前述したように「野球コンテンツ」で提供できる価値は、チームや選手の成績により、大きく変動する。選手が活躍し、チームが優勝を狙える順位を維持することで、各試合の希少性は高まり、観戦体験の価値も高まるため、球場の観客数も自然と増えてくる。一方、選手やチームの成績が低迷し、消化試合が増えてくると、観戦動機が低くなり、観客数も自ずと減るなど、「野球コンテンツ」と観客数との相関関係は高いと言える。

　スワローズの場合は、他の球団と比べると、チーム戦歴が芳しくない時期が長く続いたこともあり、コアな価値である「野球コンテンツ」に対する期待が過度に高くなく、むしろ、チームや選手に愛着を持ったファンが球場に足を運ぶ動機としては、自分に合ったコミュニティの中で、同じ体験を期待する仲間とともに居心地の良い環境下で様々な観戦体験が得られることにあるのではないだろうか。

6-2 顧客多様性への許容

　様々なコミュニティが存在するのは各球団ともに共通だが、スワローズは特に、コミュニティの多様性に対する許容が強いように感じる。

　例えば、初めてプロ野球を観戦する人、野球に興味がないが仕事帰りに球場に来た人をはじめ、敵チームのファン（コミュニティ）でさえ、排除される雰囲気はなく、全うに、それぞれが期待する観戦体験を得ることができる雰囲気がある。この背景には、多くの潜在的な顧客を有する東京が本拠地であること、多くの人が様々な機会で集う神宮球場が本拠地であることなど、スワローズという球団の特殊性があると思われる。

　この多様性への許容の強さが、スワローズというチームの顧客の裾野を広げ、近年の観客数の増加に寄与していると解釈できる。

▶ 7 今後の戦略展開の可能性

　スワローズの今後の戦略展開においては，神宮球場の建て替えを契機に，現存するハード面での様々な制約を可能な限り解消するとともに，デジタルやメディアの活用を通じてソフト面を強化することで，他球団との差別化を図っていくことが重要ではないだろうか。

7-1　ハード面：神宮球場の建て替え

　この計画では，神宮外苑エリアの再開発に伴い，神宮球場が建て替えられるとともに，球場に併設される形でホテルや商業施設等の建設が予定されている。「新・神宮球場」は，周囲との一体感を重視したボールパーク型となる見通しであり，直近の報道では，2031年の完成見込みとなっている。

　完成時期は少し先だが，これまで手が打てなかったハード面での改善施策を通じて，新たな顧客として，ホテル滞在者・商業施設の利用者をはじめ，神宮エリアを利用する人々を取り込むことができる可能性は十分ある。加えて，多彩な顧客やコミュニティに対して，「観戦体験」の周辺にあるサービスを強化し，これまで以上に共感・安心を提供し，満足度を高めるとともに，より一層の多様なコミュニティを生み出すことも可能であろう。

　そのためには，これらを具現化するハード面での対応を明確にし，新・神宮球場の計画策定段階において，明治神宮等の開発主体に対して，主たる利用者としての意見を伝え，計画に可能な限り色濃く反映していかなければならないと思慮する。

7-2　ソフト面：多彩な野球コンテンツの楽しみ方の創出

　スワローズは球場を保有しない以上，ハード面での他球団との差別化は困難であるが，その弱みを強みにつなげることはできないだろうか。つまり，他社との連携（BB）を通じて，デジタルやメディアを最大限活用することで，球

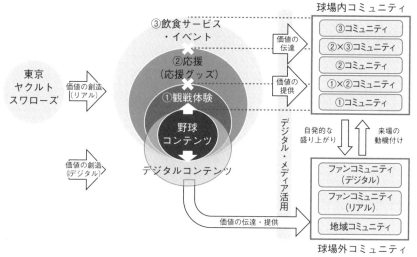

図表6－3　今後のスワローズのコミュニティ型マーケティングの展開案（考察）

球場内コミュニティ

③飲食サービス・イベント

価値の伝達

③コミュニティ
②×③コミュニティ
②コミュニティ
①×②コミュニティ
①コミュニティ

②応援（応援グッズ）

価値の提供

東京ヤクルトスワローズ

価値の創造（リアル）

①観戦体験

野球コンテンツ

デジタル・メディア活用

価値の創造（デジタル）

デジタルコンテンツ

自発的な盛り上がり　来場の動機付け

ファンコミュニティ（デジタル）
ファンコミュニティ（リアル）
地域コミュニティ

価値の伝達・提供

球場外コミュニティ

（出所）筆者作成（2021）

　場に限らない，多彩な野球コンテンツの楽しみ方を提案し，球場内・外のコミュニティを増やし，新たなファン（顧客）を創出していくことである。
　当然，他球団においても，VR映像のLIVE配信などを有料コンテンツの1つとして配信するなどの動きは見られるが，現状では限定的な取組みに留まっているようだ。スワローズにおいても，他球団と同様に，「各試合」のデジタルコンテンツを拡充するとともに，コンテンツ視聴者同士がチャットでコミュニケーションを取り，一緒に観戦体験を味わえる機能を具備するなど，アフターコロナにおける新しい観戦スタイルを提案していくことは，新たなコミュニティ形成にとっても重要な取り組みと言える。
　さらには，熱戦を繰り広げる「選手」というコンテンツにも着目し，アスリートのマネジメントを得意とする企業との連携により，TVやイベント等への出演・SNS運営等を支援したり，（シーズン中は難しいかもしれないが）普段開示されることのない試合や選手の各種データを開示するなど，多彩なコンテンツ提供に向けて様々な取組みが想定できる。スワローズならではのコンテ

ンツ配信（価値の伝達・提供）であれば，株主であるフジ・メディア・ホールディングスとの連携も可能ではないだろうか。

　なお，デジタル活用という文脈では，（ややコミュニティとは離れるが，）選手のフォーム・球種・守備位置などの試合に関する情報や，選手個人の健康に関する情報などをデータ化し，チーム戦術やチームマネジメントの高度化に活用することも想定される。

　もちろん，現実的に乗り越えるべき課題は存在すると思われるが，これまで以上に，多くのファンが，自分の居心地の良いコミュニティの中で，共感とともに野球コンテンツに触れる機会を生み出していくことができるのではないだろうか。

　球場を所有しないというハード面での制約は今後も存在し続けるが，球場の建て替えとともに極小化しつつ，球場内外のコミュニティに対するコンテンツ（ソフト面）の強化に取り組むことで，他の球団には実現できない希少な球団になれる可能性はあると思料する。

▶ 8 　スワローズのコミュニティ型マーケティングからの学び

　第一に，企業価値の創造・伝達・提供過程における，他社との連携（BB）の重要性である。スポーツビジネスの特性として，コアな価値となる野球コンテンツそのものが，勝敗に左右され非常に不安定である中では，それ以外の（製品戦略にいう）付随の機能・要素も含め，価値の創造の重要性が高い。

　さらには，他球団が選手・球団・球場・メディア一体型で強力な価値の創造・伝達・提供を進める一方，スワローズは，様々な制約の中で後塵を拝しているように見えるが，今後の戦略展開でも触れたように，株主であるフジ・メディア・ホールディングスや様々な企業との連携により，デジタルやメディアの活用等を強化し，新たな野球コンテンツの価値（楽しみ方）を創出し，提供

できる可能性を十分秘めているのではないだろうか。

　第二に，分断しないコミュニティ作りの意義である。歴史のあるスワローズには，親子孫3代でのファンなど，世代を繋ぐようなコミュニティが存在する可能性について触れているが，様々な企業においても，時間の経過とともに変化するコミュニティの期待に応え続け，分断しないコミュニティマネジメントに対する取組みの重要性は高いと考える。

　プロ野球において，優勝は，チームの明確な目標であり，ファンにとってシーズン最後にもたらされる「ボーナス」（最大の喜び）である。しかし，コミュニティ型マーケティングの観点から言えば，今後，新しい野球の日常的な楽しみ方（ソフト面）が，リアルに，デジタルに数多く提供され，居心地の良いコミュニティの中で，ファンが様々に楽しめる共感の体験がシーズン中から継続してもたらされることも大いに期待したい。

●**参考文献**

原田宗彦編著（2008）『スポーツマーケティング』大修館書店
木田悟・髙橋義雄・藤口光紀（2013）『スポーツで地域を拓く』東京大学出版会
伊藤歩（2017）『ドケチな広島，クレバーな日ハム，どこまでも特殊な巨人　球団経営がわかればプロ野球がわかる』星海社
池田純（2017）『スポーツビジネスの教科書　常識の超え方　35歳球団社長の経営メソッド』文藝春秋
佐藤尚之（2018）『ファンベース』筑摩書房
佐渡島庸平（2018）『WE ARE NOT LONELY, BUT NOT ALONE』幻冬舎
間野義之編著（2019）『スポーツビジネスイノベーション』日経BP

東京ヤクルトスワローズ　ウェブサイト「球団のあゆみ」
　https://www.yakult-swallows.co.jp/pages/company/history
NPBウェブサイト（2019年セ・パ公式戦入場者数）
　http://npb.jp/statistics/2019/attendance.html
株式会社ヤクルト球団「第71期決算公告」（令和2年4月7日）

第 **7** 章

エイベックス

Summary

　エイベックスは，レコード会社型からプロダクション型にビジネスモデルを転身させ，アーティストを中心に捉えた「360度ビジネス」を展開し，従来よりも深いアーティストとファンの関係を作り上げた。そして，音楽事業で培った360度ビジネスのノウハウをアニメキャラクター等にも展開し，「顧客の参加・体験」を前提としたコンテンツ作りを行い，より熱狂的で自発的なファンを生み出した。さらに，音楽・アニメコンテンツの制作の中で培った他企業との関係をベースに「企業アライアンス」を組み，コンテンツ提供を行う「プラットフォーム」を作り，プラットフォームとコンテンツの循環サイクルを構築してコンテンツの価値をさらに高めた。このように，エイベックスは音楽事業におけるコミュニティ形成の経験を他事業へ拡張させることで「総合エンタテインメント企業」へと変貌を遂げた。

Key Words

360度ビジネス，顧客の参加・体験，プラットフォーム，企業アライアンス，総合エンタテインメント企業

Data

事業内容：音楽事業，アニメ事業，デジタル事業
創業：1988年
年商：1,345億円（2019年度）

※　本章の当該企業の事例研究の記述について，企業概要や展開の現状に関しては2019年度時点のものであり，一般的に入手可能な公開情報に基づき記述している。本研究へのご理解・ご協力に対し，この場を借りて心より感謝申し上げる。なお，取組みの評価や今後の展開に関しては，筆者の考察に基づくものであり，当該企業の見解ではない。

▶ 1 はじめに

　一般社団法人日本レコード協会調べでは，CD等の音楽ソフトの生産金額は1998年に6,074億円あったものが2019年には2,291億円となり，この20年間でおよそ３分の１の規模まで縮小している。このように音楽ソフト市場が頭打ちとなっている環境の中，エイベックスの売上高は1998年に563億円だったものが2019年には1,354億円と倍以上に伸長している。

　エイベックスはレコード会社からプロダクション型へビジネスモデルを転換したことによって，アーティストを中心とした「360度ビジネス」を可能にした。この360度ビジネスの展開によって「アーティスト」と「ファン（顧客）」との関係値をより親密なものへと深化させ，アーティストの成長と共にファン（顧客）の成長をも促していく"コミュニティ"を形成していったことがエイベックスの成長の源泉なのではないかと考える。さらに特筆すべきは，エイベックスはコミュニティ型の戦略を音楽事業だけに留まらず他の事業へも展開させていったことで，音楽ソフト市場が縮小していく状況下においても成長していったのではないかと考える。

▶ 2 エイベックスの概要

2-1 企業の事業概要

　エイベックスの主な事業は，「音楽」「アニメ」「デジタル」の３つの領域がある。（2019年度時点）

　「音楽事業」は，音楽コンテンツの企画・制作・販売，音楽配信，音楽出版を行うほか，アーティスト・タレントのマネジメント，マーチャンダイジング，ファンクラブ運営及びコンサート・イベントの企画・制作・運営，さらにアー

ティストの発掘・育成，スクールの運営を行っている。

「アニメ事業」は，アニメーションから実写映像等の映像コンテンツの獲得や企画・制作・販売を行うほか，声優マネジメント，イベント事業，マーチャンダイジング，主題歌関連の音楽事業など，周辺事業も含む映像関連事業を行っている。

「デジタル事業」は，定額制の映像配信サービスの運営，コンテンツの供給，オリジナルコンテンツの企画・制作，さらに定額制の音楽配信サービスの運営も行っている。

2-2 沿革

1988年に東京都町田市でダンスミュージックに特化した輸入レコードの卸販売業として会社を設立した。1990年に自社レーベル「avex trax」を設立し音楽制作事業に乗り出し，『SUPER EUROBEAT』やディスコ施設と連携した『MAHARAJAH NIGHT』『JULIANA'S TOKYO』のCDをリリース，1994年に六本木に「ヴェルファーレ」をオープンさせ自社でもディスコ施設の運営を始めた。1995年にはアーティストのマネジメント会社，1997年にCDの販売会社を設立し，音楽事業を内製化していった。2001年にはアーティスト育成スクールを開校，2002年に全国で大型野外フェスを開催し，CDを中心とした音楽事業内における多角化を進め，2004年にホールディングス会社を設立し経営体制を新たにした。

2005年に携帯電話向け音楽配信サービスを開始，2009年には携帯電話キャリアのNTTドコモと合弁会社を設立して以降，2014年にはインターネット事業を展開するサイバーエージェントと，そして2015年には講談社，集英社，小学館の大手出版各社との合弁会社を設立し，外部企業とアライアンスを組むことで，映像配信サービスや音楽配信サービスを展開していった。2013，2014年にはグループ子会社の分割や商号変更等によってグループ内の再編を実施し事業ドメインの整理を行った。2016年5月には「avex group 成長戦略2020」を発表し，この戦略の策定を「第三創業」と位置づけ，理念の見直し・組織の改

革・成長戦略の強化を軸に全社的な改革を実施し，新たなヒット創出に向けた取組みと，ヒットだけに依存しない収益性の強化を図っていった。

▶ 3 ｜ エイベックスのマーケティング戦略

3-1 音楽事業におけるマーケティング戦略（アーティストを中心に据えた360度ビジネス）

　従来のレコード会社型のビジネスでは，アーティストから生み出される歌唱や演奏，ダンス等のクリエイティヴを「CD/DVD」を介して顧客に提供してきた。エイベックスはビジネスモデルをレコード会社型からプロダクション型にシフトさせたことで，アーティストから派生する価値を全方位でビジネス化することが可能な【360度ビジネス】を展開できるようになった。つまり，「CD/DVD」以外にも「配信」，「Eコマース」，「ライヴ」，「ファンクラブ」，「マーチャンダイジング」といった様々な手段を通してアーティストから生み出されるクリエイティヴを最大限に商品として扱えることで，顧客との接点を増やし関係性を深めることができるようになったのである。

　アーティストを中心に据えた360度ビジネスの事業展開の事例として，『浜崎あゆみ』をあげる。浜崎あゆみは1998年にエイベックスから歌手デビューしたアーティストで，浜崎あゆみのマネジメント業務もデビュー当初からエイベックスが担っている。マネジメント業務に加えてライヴやファンクラブの企画運営，マーチャンダイジングの企画制作も自社内で行うことで，一気通貫した総合的なアーティスト活動を展開することができている。また，ライヴ会場で一時的に使用するペンライトやタオル等の従来のアーティストグッズだけに留まらず，シューズメーカーの「CONVERSE」とコラボレーションした靴や，アニメキャラクターの「BETTY BOOP」とコラボレーションしたTシャツ等の普段遣いができるアーティストグッズの展開等も特徴的である。

3-2　アニメ事業におけるマーケティング戦略（360度ビジネスのマルチ展開）

　360度ビジネスの展開をアーティスト以外のタレントや俳優，アスリート等の音楽以外の才能を持った人材にも応用していったエイベックスは，360度ビジネスの軸を実存する"人"だけではなく，架空の"アニメキャラクター"にも置き換え【アニメ版360度ビジネス】を展開した。

　アニメ版360度ビジネスの事例として，2015年にテレビ放映されたアニメ『おそ松さん』をあげる。この作品は漫画家の赤塚不二夫氏が1962年に描いた『おそ松くん』を原作とした作品で，同氏の生誕80周年を記念して３度目のアニメ化がされた。『おそ松さん』は，アニメ作品のテレビ放映，DVD化，主題歌や出演声優のCD，アニメキャラクターのグッズといった音楽事業の360度ビジネスと同様な展開に加え，スマートフォンや家庭用ゲーム機でのゲーム化，「2.5次元ミュージカル」と呼ばれている漫画・アニメ・ゲーム等を原作にした舞台化，幕張メッセやパシフィコ横浜等の大型施設を利用したフェスイベント，コンビニエンスストア等の企業とのタイアップ企画，女性誌「anan」等のアニメとは異なるジャンルの雑誌の表紙をキャラクターが飾る等，アーティストやタレント等の活動以上に幅広い展開を行った。

3-3　デジタル事業におけるマーケティング戦略（プラットフォーム事業へのシフト）

　360度ビジネスによって既成概念を打ち破る新たなヒットコンテンツを生み出してきたエイベックスだが，コンテンツの企画制作に留まらず，コンテンツを顧客へ提供する場となる【プラットフォーム】の事業にも展開した。

　プラットフォーム事業の展開事例として『dTV』をあげる。エイベックスは2009年にNTTドコモとの合弁会社を設立し映像配信サービス『BeeTV』を立ち上げ，その後BeeTVをベースにした『VIDEOストアpowered by BeeTV（現dTV）』を2011年にスタート，2016年３月には国内の定額制映像配信サー

161

ビスで初の会員500万人を突破する映像配信のプラットフォームを作り上げた。dTVではエイベックスのアーティストのミュージックビデオやライヴ映像をはじめ，dTVでしか見ることができないオリジナルのドラマやバラエティ等の映像コンテンツを供給することで映像配信プラットフォームとしての価値を高めた。エイベックスは本来コンテンツを企画制作しその権利を所有するコンテンツホルダーであるが，「コンテンツ」と「プラットフォーム」の両輪で事業戦略を推進させることで，コンテンツの制作と提供を一貫して行えることに加え，コンテンツとプラットフォームそれぞれが相互に価値を高め合う循環サイクルを構築し，コンテンツ価値の最大化を図ることができた。

▶ 4 エイベックスのコミュニティの つくり方・活かし方

4-1 プレミアムな体験を提供するライヴ（音楽事業における BCコミュニティの事例）

　2005年に日本デビューした韓国出身のボーカルユニット東方神起が2017年に開催したライヴ『東方神起 LIVE TOUR 2017 ～Begin Again～』では9種類（一部の公演でのみの取り扱い席種も含む）の座席が用意された。

　その中のプレミアムシートには，ライヴ開催前に限定のスペシャルアプリが配布され，公演日の数週間前から公演日までの間，メンバーからのカウントダウンメッセージやスマートフォンの壁紙が利用できるコンテンツが楽しめた。また，ライヴ当日は自身の顔写真入り専用チケットで通常と異なる専用入場口から会場に入り，専用グッズ販売所でゆっくりとグッズ購入ができた。さらに，最上位のスーパープレミアムシートは，ファンクラブ会員の中でも継続年数が6年目以上の会員しか購入することができない特別な券種で，プレミアムシートの特典に加えて会場の座席がステージ間近の位置に設置されていた。

このように，ライヴチケットの席種別を階層化する工夫によって，ライヴ体験をより「プレミアム化」させることでロイヤリティを醸成し，アーティストへの共感を熱狂的なものへと深化させている。

4-2　顧客の参加・体験を前提としたコンテンツ制作（アニメ事業におけるCCコミュニティの事例）

2016年に公開されたアニメ映画『KING OF PRISM by PrettyRhythm』では「応援上映」という上映方法が実施された。応援上映ではアニメキャラクターのコスプレをすること，サイリウムやペンライトを持ち込むこと，声を出してキャラクターたちに声援を送ったりアフレコを入れたりすることを許可している。

応援上映という鑑賞スタイル自体は以前から存在していたが，本作の特徴は観客参加型の映画上映を前提とした作品作りが行われている点にある。観客が台詞をアフレコできるシーンが用意されていたり，キャラクターの台詞と台詞の間に間が置かれていたりと，観客が作品に入り込むことができる場面を用意することで，観客は作品と一体となりながら鑑賞することができる。

また，同作ではカプセルホテル「秋葉原BAY HOTEL」とコラボレーションを企画した。コラボレーション期間中はカプセルホテル内のカプセルユニットにアニメキャラクターの特別なカラーパネルが装飾され，宿泊者はキャラクターと共に過ごすことができるようになっている。また，宿泊利用者だけが利用できるコミュニティ・ルームが設営され，そこには応援メッセージカードや交流ノート，キャラクターパネルや大画面での映像が用意され，ファンがコスプレやトレーディングをしながらファン同士の交流を楽しめる場を提供した。

4-3　企業アライアンスの拡大（デジタル事業におけるBBコミュニティの事例）

エイベックスはNTTドコモとの協業による『dTV』の取組み以降，2015年にはサイバーエージェントと『AWA』，LINEと『LINE MUSIC』という音楽

配信サービスを開始し，各社とアライアンスを組むことでコンテンツ提供のデジタル・プラットフォームを拡大させた。

NTTドコモの携帯電話利用者，サイバーエージェントの各種ネットサービス利用者，LINE利用者といった巨大な顧客基盤を有する企業とアライアンスを組むことで，アライアンス先の顧客に対してプラットフォームへの誘引を行うことができる。プラットフォームを独自に立ち上げた場合，通常であればゼロから顧客を獲得しなければならないが，このアライアンスによって効果的な営業展開を実施することを可能にした。

企業アライアンスによって魅力的なプラットフォームを作ることで，エイベックスはコンテンツとプラットフォームの循環サイクルによってコンテンツ価値を最大化させることができ，各アライアンス先は自社が関わるプラットフォームサービスを持つことで競合との差別化を図ることができるようになり，それぞれの企業の強みを活かしたWin-Winな関係を構築することができている。

▶ 5 戦略展開の評価

5-1 音楽事業におけるコミュニティ戦略の評価

音楽事業におけるコミュニティ戦略の特徴は，顧客との関係をより深化させた「BCコミュニティ」を形成してきたことである。

360度ビジネスによってCD/DVD以外にも多様な接点を持つことができるようになり，顧客とのコミュニケーションの「量」が増加した。また，コミュニケーションの「質」においても，CD/DVDを再生している"限られたタイミング"に"一方向"で"同質"なものでしかなかったものから，靴やTシャツの様な日常使いができる製品をアーティストグッズとして提供することで"いつでも"＝「継続性」のあるアーティストとの関係を築き，ライヴではアーティストと同じ空間に相対することで"双方向のコミュニケーション"＝「双

方向性」が可能となり，さらにはプレミアムなライヴチケットを設けることで
“差別化された体験”＝「多様性」をファンに対して提供することが可能になっ
た（**図表7－1**）。

　以上のようにコミュケーションの量と質の向上によって顧客はさらなる共感
を深め，“通常顧客”から“ファン”へ，さらには熱狂的な“コアファン”へ
と成長することでBCコミュニティが形成された。

図表7－1　　360度ビジネスにおけるコミュニケーションの変化

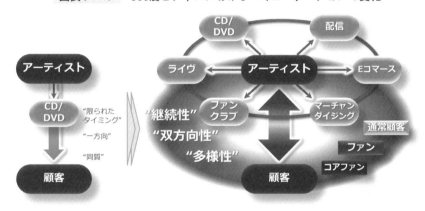

（出所）筆者作成（2020）

5-2　アニメ事業におけるコミュニティ戦略の評価

　アニメ事業におけるコミュニティ戦略の特徴は，顧客の参加による「CCコ
ミュニティ」を形成してきたことである。

　アニメキャラクターとの関わり方は，従来まではテレビや劇場で上映される
アニメ作品を受動的に楽しむだけであったが，フェスイベントや2.5次元ミュー
ジカル，応援上映等のように顧客自らが能動的に“参加”し，その場でしか味
わえない“体験”をする楽しみ方に変化している。

　今回事例にあげた「応援上映」は，顧客の参加が前提とされた仕組みによっ

て顧客の積極的な関与が重要となり，顧客自らが能動的に参加をしていくことで作品が最終的に完成され，自らが関与すればするほど作品の完成度も上げられる。積極的な関与は顧客一人だけで成し得ることはできず，その場を共有する全ての顧客が同じ意識でいることが重要になるため，顧客は他の顧客との"横の関係"も意識することが必要になってくる。このように顧客自らが「参加」し「体験」を行う中で，顧客同士の"横の関係"＝「つながり」ができることによってCCコミュニティが形成された（**図表７－２**）。

図表７－２　アニメ版360ビジネスと顧客の参加によるCCコミュニティの形成

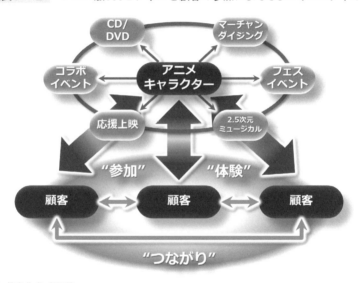

（出所）筆者作成（2020）

5-3　デジタル事業におけるコミュニティ戦略の評価

　デジタル事業におけるコミュニティ戦略の特徴は，企業とのアライアンスによる「BBコミュニティ」を形成してきたことである。

　エイベックスはアライアンスを組んでプラットフォーム事業を始める以前から，NTTドコモとは着メロや着うたサービス等で，サイバーエージェントと

はアーティストのブログ等で取引関係にあり，コンテンツを制作する側とそれを伝えるインフラ・メディアとしてバリューチェーンでつながっていた。この"通常取引"の中で実績を積んでいくことによって，お互いの実力を認め「信頼」を築き，お互いをパートナー企業として認め「敬意」が生まれる。

　今回の事例であげたdTVとAWAは業務面での協力関係だけではなく，NTTドコモとは「エイベックス通信放送株式会社」，サイバーエージェントとは「AWA株式会社」という合弁会社を設立した。お互いに資本を出し合い協業していく"資本提携"によって，業務面・資本面での協力体制を構築することでより親密な関係となり，深いBBコミュニティが形成された（**図表7－3**）。

図表7－3　企業アライアンスによるBBコミュニティの広がり

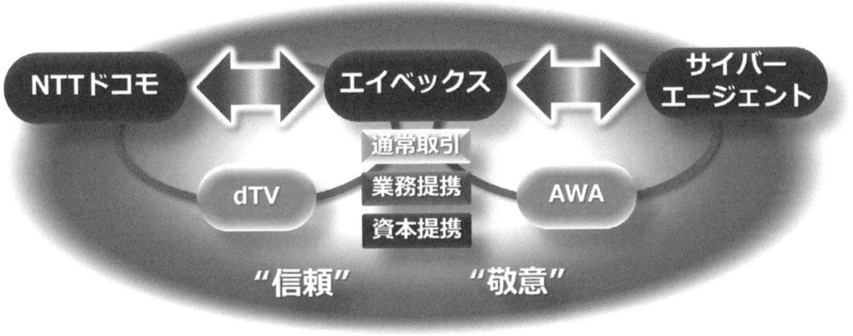

（出所）筆者作成（2020）

5-4　エイベックスのコミュニティ型マーケティングの全体像

　ビジネスにおけるコミュニティには，主に3つの形態があると考える。企業と顧客との間の「BCコミュニティ」，顧客同士による「CCコミュニティ」，企業間における「BBコミュニティ」の3つである（**図表7－4**）。

　1つ目の「BCコミュニティ」は，モノやサービスを介して価値を提供する企業，受け取った価値の対価として金銭を支払う顧客，この価値と金銭の交換の関係に加え顧客が企業に対して共感を抱くことで顧客と企業の関係はより深

いものになる。企業と深い関係を構築した顧客は「通常顧客」から「ファン」へ，さらにその共感が熱狂的なものへと深化していくことでファンは「コアファン」となり，企業と顧客とのBCコミュニティは階層化される。エイベックスの音楽事業の説明事例がこれに該当する。

　2つ目の「CCコミュニティ」は，企業へ共感を抱いた顧客同士による関係である。このコミュニティの特徴は，企業が直接介在せずに顧客自身による自発的な行動から自然発生的に形成されていくことが多い。同じ価値観を共有する顧客が相互に共感を深めることで，階層構造にある「通常顧客」「ファン」「コアファン」のレイヤーを顧客同士が育成し合い高めていく。さらにコアファンとファンは共感の環を広げるために，ファン自らが新規顧客の誘引を行ってくれる。エイベックスのアニメ事業の説明事例がこれに該当する。

　最後に3つ目の「BBコミュニティ」は，経済的価値をベースにした企業同士の関係であり，事業活動のバリューチェーンで繋がる関係の「垂直型」と，同じ市場に参画している競合同士の関係の「水平型」の2つのタイプがある。また，BCコミュニティと同様にこのコミュニティにも関係値の深さによる階

図表7-4　エイベックスのコミュニティ型マーケティングの全体像（考察）

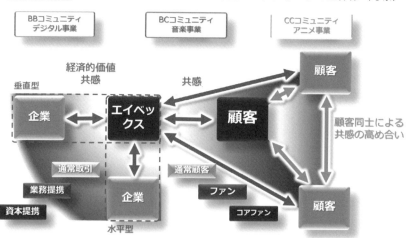

（出所）筆者作成（2020）

層があり，経済的価値の交換を行う「通常取引」の関係，お互いの経営資源を
提供しさらなる協力関係を構築する「業務提携」，さらに強力な企業間のつな
がりを作るために株式の取得や合弁会社の設立を行う「資本提携」がある。エ
イベックスのデジタル事業の説明事例がこれに該当する。

　このようなエイベックスのマーケティング戦略の展開は，本書でいうコミュ
ニティ型マーケティングの全体像がすべて該当する，いわばその進展度の高い
段階にあると評価できるのではないだろうか。

▶ 6 ｜ 実現要因の考察

6-1　コミュニティ戦略の源泉

　エイベックスがなぜこのようなコミュニティを活用した事業展開を得意とし
てきたか，それはエイベックスの企業文化にあり，その源泉は創業者の松浦勝
人氏のエイベックス創業以前の原体験にあるのではないかと考える。

　同氏はエイベックスを設立する以前，地元横浜の貸レコード店の運営を大学
生の頃から任されていた。貸レコード店の会員を増やすために，顧客となる地
域住民の動向を調査したり，入会金を無料にするキャンペーンやチラシ・看板
を使った宣伝活動を実施したりと，地域密着型の貸レコード店を運営していた。
当時貸レコード店を共に運営していたのは同氏の地元の仲間たちで，この貸レ
コード店での成功をベースに仲間と共にエイベックスを立ち上げた。貸レコー
ド業は会員制ビジネスであり，コミュニティ型のビジネスをエイベックス創業
以前から実施し，地元の地域コミュニティの中での成功体験があったからこそ，
コミュニティを重要な戦略と捉えるエイベックスのカルチャーが生まれたので
はないかと考える。

6-2　行動規範への反映

コミュニティを重要な戦略として捉えるカルチャーはエイベックスの「タグライン/行動規範」にも反映されている。

エイベックスは『Realy! Mad+Pure』をタグラインに掲げ，今は非常識（Mad）と思われることも真摯（Pure）に追い求め，世の中に新しい価値（Realy!）を届ける組織であろうとしている。そのためには社員1人1人に「叶えたいこと」と「思いの強さ」を併せ持つことを求め，その実現のために，エイベックスはチャンスやヒントを提供して，お互いに仲間を支え合おうとする行動規範を掲げている。

以上のことから，エイベックスの企業文化としてコミュニティの考えが浸透しているのではないかと考える。

▶ 7 ｜ 今後の戦略展開の可能性

7-1　企業運営へのコミュニティの展開

エイベックスのコミュニティ形成のノウハウは事業展開のみならず，エイベックスの企業運営の中にも取り入れられている。

2017年12月に完成したオフィスではフリーアドレスを導入し，異なる部署の社員同士の新たなコミュニケーションを生む環境を作っている。また，最上階にある社員食堂「THE CANTEEN」では，エイベックスに所属している新人のアーティストやタレントがスタッフとして働いており，社員と新人アーティストたちとのコミュニケーションを作っている。そして，2階にあるコワーキングスペース「avex EYE」では，エンタテインメントに関連したスタートアップ企業を誘致しており，エイベックス社員と外部起業家，また外部起業家同士のコミュニケーションの場を作り新たなコミュニティを生み出している。

さらに，オフィスの前面部分にあるスペースでは，クリスマスシーズンになると「aoyama christmas circus by avex」が開催されクリスマスの装飾が施されたり，夏には金王八幡宮例大祭のお神輿設置場所として，秋には南青山エリアのハロウィンイベントの拠点の一つとして使われたりと，季節に合わせて地元の青山エリアとのコミュニティづくりも積極的に行っている。

以上のように，エイベックスは顧客や企業だけに留まらず，従業員や地域住民との関係も大事にし，社内外すべてのステイクホルダーとの良好なコミュニティを形成している。これによって，より一層エイベックスの企業文化としてコミュニティの重要性が浸透していき，コミュニティを利用したさらなる事業展開が期待される。

7-2　ベンチャー投資によるイノベーションの創出

エイベックスは2017年から『Enterteinment×Tech』を戦略に掲げ，エンタテインメントとテクノロジーをキーワードに，エイベックスと事業シナジーが起こる可能性を秘めたベンチャー企業への投資も積極的に取り組み，ライヴ配信者支援事業等を展開する「TWH」，美容系Youtuber事業とメイク・コスメ情報共有メディアを展開する「MAKEY」，ライバーを中心とした個人クリエイターのエージェント・マネジメント事業等を展開する「LIVESTAR」に続けて出資をして子会社化している。

前述のデジタル事業における企業アライアンスでは，既に実績のある大企業との"信頼・敬意"によるつながりであったが，こちらは新興のベンチャー企業の可能性に対して"信頼・敬意"をよせていく新たな形のBBコミュニティの拡大であり，BBコミュニティを活用した新たなイノベーションの創出を目指している。

▶ 8 | エイベックスのコミュニティ型 マーケティングからの学び

　以上，エイベックスの事例からコミュニティ戦略の分析を行ってきたが，エイベックスは音楽事業で培ったコミュニティ形成のノウハウをアニメやデジタル事業，さらには企業運営にも展開させることによって，音楽ソフトの生産額が頭打ちの状況下においても「総合エンタテインメント企業」として成長を遂げることができたと考える。

　コミュニティとは，"「共感」をベースにした2者以上の深い結びつきを持った関係によって成り立つ共同体"であり，共感とは，"相手の考え方・価値観に違和感なく立つことができ，自分ごととして同じ価値観を探求していく状態"である。

　今回エイベックスの事例の考察から，コミュニティ戦略を考える上でベースとなる"共感"には，「継続性」「双方向性」「多様性」「参加」「体験」「つながり」「信頼」「敬意」といった8つの重要な構成要素があることが解った。これらはBC，CC，BBそれぞれのコミュニティ分析から見えてきたものだが，それぞれのコミュニティ分類の中にのみ存在するものではなく，すべてのコミュニティにおいて共通する概念であると考える。

　コミュニティへの「参加」によって「体験」を通じて「つながり」が生まれる。

　つながりは「多様性」と「双方向性」を生み，「継続性」を持ったコミュニティとなっていく。

　継続性のあるコミュニティには「信頼」と「敬意」が生まれ，"共感"が醸成されていく。

　この8つの要素が共感を生み出し，この共感をベースに構築された強い関係性を持った共同体がコミュニティとなり，エイベックスはこのコミュニティ型の戦略をビジネス展開の中心に据えてきたと考える（**図表7－5**）。

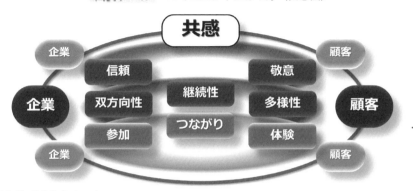

図表7−5　コミュニティのあり方（概念図）

（出所）筆者作成（2020）

●参考文献

・宮副謙司 編著（2015）『ケースに学ぶ青山企業のマーケティング戦略』中央経済社
・佐渡島庸平（2018）『WE ARE LONELY, BUT NOT ALONE. 現代の孤独と持続可能な経済圏としてのコミュニティ』幻冬舎
・佐藤尚之（2018）『ファンベース 支持され，愛され，長く売れ続けるために』ちくま新書
・新井範子 山川悟（2018）『応援される会社 熱いファンがつく仕組みづくり』光文社新書
・フィリップ・コトラー＋ヘルマンワン・カルタジャヤ＋イワン・セティアワン 著，恩藏直人 監訳，藤井清美 訳（2017）『コトラーのマーケティング4.0 スマートフォン時代の究極法則』朝日新聞出版

・エイベックス株式会社ホームページ『株主・投資家向け情報』
http://www.avex.co.jp/ir/
『有価証券報告書』（2008年3月期〜2020年3月期）
『アニュアルレポート』（2014年〜2019年）
『インベスターズガイド』（2010年〜2013年）
『業績説明資料』（2008年3月期〜2020年3月期）
『avex group成長戦略2020』（2016年）
『avex group中期経営計画2018』（2015年）
『中期経営計画 Next Era 2014』（2015年）
・一般社団法人 日本レコード協会ホームページ『統計情報』
http://www.riaj.or.jp/f/data/index.html
『音楽ソフト 種類別生産金額推移』
http://www.riaj.or.jp/g/data/annual/ms_m.html

・エイベックス株式会社ホームページ『エイベックスの歩み』
https://avex.com/jp/ja/corp/history/
・浜崎あゆみオフィシャルホームページ
https://avex.jp/ayu/
・浜崎あゆみオフィシャルホームページ『GOODS』
浜崎あゆみとCONVERSEのコラボレーションが実現！
https://avex.jp/ayu/goods/detail.php?id=1001413
ayumi hamasaki×BETTY BOOP™のコラボレーションが実現！
https://avex.jp/ayu/goods/detail.php?id=1001470
・東方神起オフィシャルホームページ
https://toho-jp.net/
・東方神起オフィシャルホームページ『SCHEDULE』
https://toho-jp.net/live/tour.php?id=1001056
・東方神起 Begin Again SPECIAL WEBSITE
https://toho-jp.net/special/beginagain/schedule/
・おそ松さんオフィシャルホームページ
https://osomatsusan.com/
・おそ松さん舞台ホームページ『SIX MEN'S SHOWTIME 2』
https://osomatsusan-stage.com/
・Youtube『松ステチャンネル』
https://www.youtube.com/channel/UCUO_XeU61duMAmnnY4YAdog
・ファミリーマートホームページ『ニュースリリース』2016年2月22日
http://www.family.co.jp/company/news_releases/2016/20160222_02.html
・マガジンハウスホームページ『anan』
https://magazineworld.jp/anan/anan-editors-2078-2/
・おそ松さんスペシャルイベントホームページ『フェス松さん'18』
https://osomatsusan.com/event/fesmatsu18/liveviewing/index.html
・『King of Prism by PrettyRhythm』オフィシャルホームページ
https://kinpri.com/
・YouTube『avex pictures』『KING OF PRISM・キンプリ応援上映CM・60秒／MC：アレクサンダー（cv武内駿輔さん）』
https://youtu.be/cV2TSjH93KA
・秋葉原BAY HOTELホームページ『NEWS』終了しました。『KING OF PRISM × BAYHOTEL』コラボ企画が期間限定で復活！
https://www.bay-hotel.jp/news/11
・King of Prismオフィシャルホームページ『NEWSお知らせ』2016年9月8日『【レポート】KING OF PRISM×BAY HOTELコラボ内覧会に行ってきました！』
https://kinpri.com/02/news/detail.php?id=1040256
・King of Prismオフィシャルホームページ『NEWSお知らせ』2016年8月26日『女性だけが

泊まれるカプセルホテル 秋葉原BAY HOTELでコラボ企画決定！』
https://kinpri.com/02/news/detail.php?id=1039773
・『dTV』公式サイト
https://pc.video.dmkt-sp.jp/
・softbankホームページ『お知らせ』「UULA」サービスを 2 月14日より提供開始
https://www.softbank.jp/mobile/info/personal/news/service/201302141002430000/
・『AWA』公式サイト
https://awa.fm/
・『LINE MUSIC』公式サイト
https://music.line.me/about/
・松浦勝人氏ホームページ『avex way1988〜2005』
https://ameblo.jp/maxmatsuura/entry-10518384040.html
・マイナビニュース『レポート』2013年 6 月 2 日『松浦氏が明かした，avexの成長“裏”戦
略―シーバス ビジネスセミナー』
https://news.mynavi.jp/article/20130602-avex/
・エイベックス株式会社ホームページ『タグライン／行動規範』
https://avex.com/jp/ja/corp/tagline/
・エイベックス株式会社ホームページ『エイベックスビルのすべて』
https://avex.com/jp/ja/corp/newoffice/index.html
・エイベックス株式会社ホームページ『「aoyama christmas circus by avex」開催プレスリ
リース』
https://avex.com/jp/ja/news/2018/_aoyama_christmas_circus_by_avex_1/
・エイベックス株式会社ホームページ『コワーキングスペース/avex EYE』
https://avex.com/jp/ja/corp/avexeye/
・エイベックス株式会社ホームページ『グループ会社一覧』
https://avex.com/jp/ja/corp/officer/

第 **8** 章

ほぼ日

Summary

株式会社ほぼ日は,「いい時間」を提供するという一貫したビジョンのもと,「ほぼ日刊イトイ新聞」でのコンテンツ発信や,オリジナル商品「ほぼ日手帳」の販売などの活動を通じて顧客の支持を高めてきた。そこでは,価値創出者間,顧客間,価値創出者と顧客間という,3つのコミュニティの形成が見られる。

ほぼ日は,これらのコミュニティを活用したマーケティング戦略により,顧客獲得,コア顧客の育成,価値創出のリソース増幅を実現している。さらに,ビジョンへの共感度が高いコミュニティを活動のベースとすることで,ビジョンへ一致したニーズに対して持続的に興味を喚起するとともに,効率的に顧客の獲得と定着と再購買を得てさらなる価値の創造へとつなげる「循環型価値創造プロセス」を成立させることで,ビジネスを成長させ続けている。

Key Words

ビジョンへの共感,人を集める「場」の設計,価値創出クラスター,循環型価値創造プロセス,クリエイターのコミュニティ

Data

事業内容:オリジナルコンテンツの制作および販売
創業:1974年
年商:55億円（2018年度）

※　本章の当該企業の事例研究の記述について,企業概要や展開の現状に関しては,一般に入手可能な公開情報に基づき記述している。本章にありうべき誤りは筆者に帰するものである。取組みの評価や今後の展開に関しては,筆者の考察に基づくものであり,当該企業の見解ではない。

▶ 1 | はじめに

　株式会社ほぼ日（以下，ほぼ日）は，コピーライター（クリエイター）の糸井重里氏（以下，敬称略）が1979年に設立した有限会社東京糸井重里事務所を前身とする企業で，自社を人々が集う「場」をつくり，「いい時間」を提供するコンテンツを企画，編集，制作，販売する会社であると定義している[1]。ほぼ日のコンテンツは，人々に体験をもたらす様々な形態のクリエイティブの集積であり，読み物・オリジナル商品・イベントに代表される。

　ほぼ日にとって，起業の早い時期からの代表的な活動の「場」となっているのが「ほぼ日刊イトイ新聞」である（1998年6月にウェブサイトを開設）。コラムやインタビュー記事といった読み物を中心としたコンテンツが数多く掲載され，1日のアクセス数は100万件を超える。さらに，併設するオンラインストアでは「ほぼ日手帳」をはじめとしたオリジナル商品が販売され，収益の柱となっている。

写真8−1　「ほぼ日イトイ新聞」（ウェブサイト）（左）と「ほぼ日手帳」（右）

ほぼ日刊イトイ新聞
「今日のダーリン」をはじめとしたコンテンツが掲載されている

ほぼ日手帳（オリジナル：1日1ページA6）
手帳カバーや文房具との組み合わせを楽しむことができる

（出所）「ほぼ日刊イトイ新聞」より引用し筆者作成（2021）

---

1)　糸井重里氏は，2021年2月現在，株式会社「ほぼ日」の代表取締役社長である。

　ほぼ日がつくりだす「場」は年々広がりをみせている。店舗やギャラリーとなる常設リアルスペースの「TOBICHI」を青山と京都に，「ほぼ日曜日」と「ほぼ日カルチャん」を渋谷PARCOにオープンした。また，ほぼ日は，リアル及びオンラインで開催される「生活たのしみ展」や「ほぼ日の学校」といったイベントの企画・運営も行っている。

▶ 2 ほぼ日の概要

2-1　企業概要

　ほぼ日は，オリジナル商品を，自社で運営するウェブサイトや店舗・卸で販売し収益を得ることを主要事業として成長を続けている。2019年度8月期の売上高は，55億円（前期比+8.5%）であった。主力製品である「ほぼ日手帳」の売上が32億円（前期比+3.3%）であり，全体の58%を占める。販売部数は過去最高の85万部（前期比+7万部）に至った。また，その他のほぼ日オリジナル商品も19億円（前期比+18.7%）と伸長し，業績に貢献している[2]。

2-2　沿革

　ほぼ日の前身は，前述のとおり1979年12月に設立した有限会社東京糸井重里事務所である。1998年6月にウェブサイトの「ほぼ日刊イトイ新聞」が開設され，コラムやインタビュー記事といった読み物を中心としたコンテンツの配信が開始された。これが，現在のほぼ日につながる活動の起点となっている。興味深いのは，ほぼ日は当初まったく利益を生み出さないモデルであったことで

---

[2]　ほぼ日の地域別売上高は，国内における売り上げが全体の83.6%であり大部分を占めている。次いで米国が5.5%，中国が4.6%，その他6.2%となっている。国内売上は前期比+9.3%の伸長，海外売り上げは+4.2%の伸長であった。（出所）株式会社ほぼ日 2019年8月期 通期決算 決算発表資料
https://ssl4.eir-parts.net/doc/3560/ir_material_for_fiscal_ym/71170/00.pdf

ある。コンテンツはすべて無料で発信が行われ，協働するクリエイターも対談などの企画に無償で協力をしていた。

　当時，ほぼ日の事務所家賃・通信費・人件費といった運営費は，出資者を募らずにすべて糸井重里がほぼ日の外で行っていた広告関連などの収入で賄われた。この背景には，出資者の意向を介入させずに，自身らのクリエイティブがイニシアティブをとれる「場」を「ほぼ日刊イトイ新聞」につくりだし，自分たちが面白いと思うコンテンツを提供することによって人々を集めるという糸井重里の強い思いがあったという[3]。

　1999年11月に，初のオリジナル商品である，「ほぼ日Tシャツ」が販売開始となり，ほぼ日と「場」に集まった人々の間に初めて金銭のやりとりをもたらした。以降，ほぼ日の主な収益源となっているのは，これらオリジナル商品である。2001年10月に，現在もほぼ日の主力製品である「ほぼ日手帳」の販売を開始した。

　2005年11月に，本社を青山に移転した。2014年8月には，実店舗・ギャラリー・イベント会場となる「TOBICHI」を青山にオープンし，活動場所をインターネットだけではなくリアルスペースへも拡大した。

　社名が現在の，株式会社ほぼ日となったのは2016年12月である。2017年3月16日には，東京証券取引所JASDAQ市場に上場し，その後，活動はさらに活性化した。2017年3月末に，ほぼ日が主催するイベントの代表格である「生活たのしみ展」の第1回を開催した。2019年からは，アリババが運営するECプラットフォーム天猫国際で，「ほぼ日手帳」の販売を開始した。2019年11月には，渋谷PARCOに「ほぼ日カルチャん」と「ほぼ日曜日」をオープンした。

---

3)　（出所）糸井重里（2004）「ほぼ日刊イトイ新聞の本」講談社

▶ 3 ほぼ日のマーケティング戦略

3-1 ターゲット顧客

　2019年8月期決算説明会資料によると，顧客構成は，女性73.8％：男性26.2％であった。また，年代別では，20代以下が3.0％，30代が22.3％，40代が39.9％，50代が26.8％，60代以上が8.1％であり，各世代に幅広く顧客を保有している。

　ほぼ日のコンテンツには「いい時間」を提供するというビジョンがその根幹にある。「いい時間」を提供するコンテンツとは，具体的には，読み物であれば，知ることや気づくこと，形ある商品であれば，持つことや使うこと，イベントであれば，ふれあうことなどを通して，ユーザーに楽しさ・嬉しさ・発見といったポジティブな感情を与えるものである。そのため，ほぼ日が考える「いい時間」というビジョンに共感する顧客が，ほぼ日のターゲット顧客となるセグメントであると考察する。

3-2 価値の創造

　ほぼ日が提供する価値は有形無形，様々な形態のコンテンツであるが，読み物・オリジナル商品・主催イベントに大別することができる。

⑴　読み物

　読み物は，「ほぼ日刊イトイ新聞」に掲載されているコラム・インタビュー記事・読者からの投稿などがまずあげられる。

　代表的なコラムとしては，糸井重里のショートエッセイ「今日のダーリン」がある。このコンテンツは1998年6月6日の創刊以降，バックナンバーを残さずに毎日更新が行われている。これは，近年定着しているSNS上で時間を限定して公開される投稿に通じるものを感じるが，「ほぼ日刊イトイ新聞」に日々

の新鮮さと活気を提供し続けていると考察する。

　対談やインタビュー記事は，ほぼ日と外部のクリエイターとのコラボレーションによって実現している。対談コンテンツの起点となったのは，「吉本隆明・まかないめし」である（1999年〜）。糸井重里は，親交の深かった吉本隆明氏との世間話から，著作の中の書き言葉からは読み取れなかったが，しゃべり言葉で聞いて合点した経験が多くあったという。そして，これ自体が魅力あるコンテンツなのではないかと考え，インタビューの内容が「ほぼ日刊イトイ新聞」に掲載されるようになった。

　投稿をもとにしたコンテンツでは，読者の様々な日常が垣間見える。例えば，「言いまつがい」では，言おうとしていたことと違ったことを口にしてしまった際の面白さを切り取ったエピソードが掲載されている。このコンテンツは1,000回以上の連載を経た後に，書籍化に至っている。

(2)　オリジナル商品

　オリジナル商品は，ほぼ日の年間売上高の58％を占める「ほぼ日手帳」に代表される。現在，オリジナル商品のラインナップは書籍・アパレル・生活雑貨・食品・日用品といった幅広いものとなっている（**写真8−2**）。

写真8−2　ほぼ日のオリジナル商品の例

（出所）「ほぼ日ストア」より画像を引用し筆者作成（2021）

　ほぼ日が有形のコンテンツ作成に着手したのは1999年9月のことである。これまで無料でコンテンツを提供してくれた外部のクリエイターに対価として支払う金銭のかわり，または読者へのプレゼントとしての「賞金」をつくろうというアイデアがきっかけであった。

　そのアイデアがはじめに実現されたのは，引っ越し祝いに広告代理店から受け取ったTシャツに独自のデザインをプリントしたものであった。「ほぼ日刊イトイ新聞」の読者プレゼントとしても好評を博したが，数に限りがあったためすぐに底をついていてしまったという。その後に，ほぼ日のオリジナルTシャツが制作され，「ほぼ日刊イトイ新聞」の読者に通信販売が行われた。3,000枚以上の注文に至るという反響を呼び，これが現在の収益源となっているオリジナル商品のはじまりである。

　それ以降，モノとして形のあるオリジナル商品の作成が本格的に開始された。「ほぼ日手帳」の販売開始は，2001年10月である。ほぼ日と「ほぼ日刊イトイ新聞」の読者が同じコミュニティにいる証である生徒手帳のようなものをつくれないかという発想から制作がスタートした。現在の「ほぼ日手帳」にも通じる，1日1ページ・24時間の時間軸・薄くて裏移りの少ない用紙・180度開く製本といった特徴は，製作段階にほぼ日社員や「ほぼ日刊イトイ新聞」の読者の声を反映させたものである。ここには，ほぼ日のオリジナル商品が「いい時間を過ごすためにはこんなものがあったらいいのに」という動機を原動力につくりだされていることが表されている。また，「ほぼ日手帳」には，「ほぼ日刊イトイ新聞」からの抜粋が各ページへも掲載されており，ほぼ日の考える「いい時間」が形態の違うコンテンツに共通して存在していることを見てとることができる。

　現在，ほぼ日のオリジナル商品は自社単独だけではなく，外部のクリエイターやブランドとのコラボレーションによって新たに生み出され続けている。また，「ほぼ日手帳」をはじめとする既存のオリジナル商品は年々ラインナップや機能が変わり続けており，顧客からのフィードバックも反映されている。

⑶ **主催イベント**

　ほぼ日の活動は，「ほぼ日刊イトイ新聞」や常設のリアルスペースの他に，様々な形態で開催される主催イベントへも広がりをみせている。

　全国のクリエイターが出店して物販を中心にワークショップやミニライブを行う「生活たのしみ展」は，2017年3月に第1回が東京・六本木で行われた。第1回は3日間の開催で27のブース出展であったが，2019年4月に東京・丸の内で行われた第4回では5日間で60のブース出展が行われており，開催規模の拡大がみられる。

　他にも，ほぼ日とクリエイターによるライブトークや展示，ユーザーが「ほぼ日手帳」の使い方についてそれぞれのアイデアをシェアする「ミーティングキャラバン」，古典をはじめとした読み物などを学ぶ「ほぼ日の学校」，ほぼ日のコンテンツづくりを学ぶ「ほぼ日の塾」といった，多様な目的のイベントがオンラインやリアルスペースにおいて企画・運営されている。

3-3　価値の伝達（コミュニケーション戦略）

　ほぼ日の価値の伝達は，主にほぼ日が運営する「場」において行われている。ウェブサイトの「ほぼ日刊イトイ新聞」を起点として，常設のリアルスペース，多くの人が集まるイベントが展開され，ほぼ日を知らなかった人達にも目につきやすい場所で，より幅広い価値の伝達が徐々に行われるようになっている。

　「ほぼ日刊イトイ新聞」では，ほぼ日が展開している様々な「場」における取組みを網羅した発信がリアルタイムで行われ，価値伝達の中心的な役割を担っている。

　常設のリアルスペースでは，インターネット上のやり取りだけではなく，顧客との対面によるコミュニケーションが行われるようになった。青山と京都の「TOBICHI」では，「ほぼ日手帳」を中心としたオリジナル商品の販売に加え，ほぼ日や協働するクリエイターと接することができる展示やイベントが定期的に行われている。大規模商業施設である渋谷PARCOのリニューアルにあわせてオープンされた「ほぼ日カルチャん」と「ほぼ日曜日」では，ほぼ日でつく

りだされた以外のコンテンツにも多く触れることができるのが特徴的である。例として、「ほぼ日カルチャん」は文化の案内所としても位置づけられ、まいにち東京特集というテーマで、ほぼ日がおすすめする、東京で行われている催し物が紹介されている。

　「生活たのしみ展」に代表される主催イベントでは、ほぼ日・ほぼ日と協働するクリエイター・顧客が一堂に会してのコミュニケーションが行われている。

3-4　価値の提供（チャネル戦略）

　ほぼ日の価値の提供も、主にほぼ日が運営する「場」で行われている。チャネル戦略においても、「ほぼ日刊イトイ新聞」がその中心的な役割を担い、次第により開かれたチャネルで価値の提供が行われている展開が見られる。

　読み物を中心としたコンテンツの提供は、「ほぼ日刊イトイ新聞」が創刊以降かわらずに主要チャネルである。また、「ほぼ日刊イトイ新聞」に併設されているオンラインストアはオリジナル商品の販売が開始された起点であるとともに、現在も最も多くの品揃えが並ぶ主要拠点である。他の直販チャネルとしては、直営店である「TOBICHI」や「ほぼ日カルチャん」、主催イベントである「生活たのしみ展」などがあげられる。さらに、中国の顧客向けには、アリババが運営するECプラットフォーム「天猫国際」にもオフィシャルストアが開設されている。（オリジナル商品売上高における直販比率は2019年度時点で62.4％と高い水準にある）。

　ほぼ日外部のチャネルとしては、「LOFT」や「東急ハンズ」の店舗、「Amazon」や「楽天ブックス」といったECサイトからもほぼ日のオリジナル商品が購入可能となっている。

▶ 4 | ほぼ日のコミュニティのつくり方・活かし方

　ほぼ日は，3つのコミュニティを形成していると考える。第一に，ほぼ日（B）とクリエイターやクリエイティブをサポートするパートナー（CR）で形成される「価値創出者間コミュニティ」（BCR），第二に，ほぼ日の顧客（CU）により形成される「顧客間コミュニティ」（CUCU），第三に，ほぼ日とほぼ日クリエイターとほぼ日顧客で形成される「価値創出者と顧客間の横断的コミュニティ」（BCRCU）である（図表8－1）。

　ほぼ日は，これらのコミュニティを活用することで，潜在顧客の新規獲得，コア顧客の育成，価値創出のリソース増幅を実現している。

4-1　価値創出者間コミュニティ（BCR）

　ほぼ日は，価値創出者間コミュニティ（BCR コミュニティ）を自ら形成し

図表8－1　ほぼ日のコミュニティの成り立ちと流れ

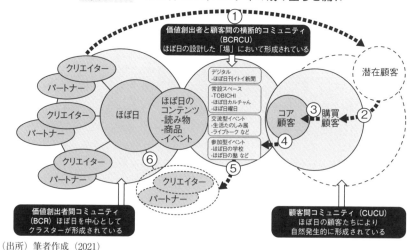

（出所）筆者作成（2021）

ている。クリエイターやパートナ（CR）は個々に『価値創出』を行っており，ほぼ日（B）は，それらとクラスターのようなつながりを持つ関係を形成することで，独自性の高い自社の「価値創造」へとつなげている。

　主力製品の「ほぼ日手帳」を例にあげる。「ほぼ日手帳」の多くは手帳カバーをつけて使用されている。手帳カバーは，ほぼ日の他に，絵本作家の荒井良二・陶芸家の鹿児島睦といったクリエイター，PORTER（ポーター）やミナ ペルホネンといったブランドによりデザインされたものがある。「ほぼ日手帳」の製造を行っているのは，技術力の高いパートナー企業である。薄くて軽い手帳用紙は巴川製紙所により製造されており，多くのページを束ねる製本は凸版印刷の関連会社によって行われている。これによって，「ほぼ日手帳」は機能とオリジナリティが高い手帳を好みの外観に仕立てて使用することができるという独自価値を実現している。

　また，ほぼ日と協働するクリエイターやブランドがほぼ日のビジョンへの共感をベースに結びついているとすれば，その顧客も近似したコンテキストを有している可能性がある。そのため，様々なクリエイターやブランドと協働することは，もともとそのクリエイターのファンであった人たちに対しても，ほぼ日への興味を喚起することにつながる。実際に，クリエイターとコラボレーションを行った「ほぼ日手帳」のシリーズは人気を博しており，潜在顧客から新たな購買顧客を獲得している流れもみられる（図表8－1①，②）。

4-2　顧客間（CUCU）コミュニティ

　ほぼ日の顧客（CU）たちの間では，顧客間コミュニティ（CUCUコミュニティ）が自然発生的に形成されている。このコミュニティでは顧客たちによる価値の深耕と新たな可能性の発見が行われる。一例として，Facebookでは，「ほぼ日手帳」のユーザーコミュニティが複数確認できる。その中ではメンバー数が15,000人を超える規模となっているグループもあり，顧客間の活発なインタラクションが行われている。1日1ページの書き込みスペースがある「ほぼ日手帳」は，使用方法の自由度が高いといえる。ユーザーは，自身が手

帳に書き込んでいる内容，写真やイラストを活用したレイアウト，併用している文房具など，各々のアイデアを積極的にシェアしている。このような熱心なコア顧客の行動は，「ほぼ日手帳」が日々の生活の中に提供する楽しさを深耕している。また，ユーザーのクリエイティブをSNS上でシェアするツールとして「ほぼ日手帳」を使用するという，新たな可能性をも見出している。

さらに，熱心なコア顧客は他の顧客の行動に対しても影響を及ぼし，共感度の高いコアファンを育成する。ライフスタイルが多様化している昨今において，モノやサービスの選択肢やその組み合わせは無限大にも近い。その一方で，人は自身の選択が本当に正しいかという不安を持ちながら生活しているのではないだろうか。そのような中で，顧客間コミュニティにおいてコア顧客が積極的に行う共感的なリアクションは，メンバーの自己肯定感を高めるだけではなく，コミュニティが自身にとって安全と安心が確保されているということを実感させている。このような共感行動は，「ほぼ日手帳」のSNSコミュニティにおいても多く行われており，メンバーが自身から発信を行うモチベーションに寄与している。新たに発信を行ったメンバーは，それに対してのリアクションから，自身の新たな洞察がさらなる共感をうみだしていることを体感するであろう。こうしてさらなるインタラクションに参加するようになった顧客は，次第にコミュニティ内での行動を増加させ，コア顧客となる過程をたどると考えられる（図表8－1③）。

4-3　価値創出者と顧客間の横断的コミュニティ（BCRCU）コミュニティ

価値創出者と顧客間の横断的コミュニティ（BCRCU）は，ほぼ日が設計する「場」において形成されている。「場」はデジタルやリアルの様々な形態があり，それぞれで創造価値の提供と体験が行われている。「場」はデジタルメディアである「ほぼ日刊イトイ新聞」を中心とし，「TOBICHI」をはじめとした常設のリアルスペース，「生活たのしみ展」のような顧客とほぼ日やクリエイターの交流が行われるイベント，「ほぼ日の学校」のような顧客参加型のイ

ベントに大別される。注目したいのは，顧客参加型イベントの中に，顧客が価値創造へ参画するきっかけとなる機会が設計されていることだ。代表例は「ほぼ日の塾」である。ここではまず，「ほぼ日刊イトイ新聞」の成り立ちやほぼ日のコンテンツづくりについての授業が行われる。その後，一部の希望者は選考を経て自らコンテンツをつくる実践編へと進む。「ほぼ日の塾」第1期生のながしまひろみの漫画「やさしく，つよく，おもしろく。」は，「ほぼ日刊イトイ新聞」へ続編の連載を経て書籍化され，「ほぼ日ストア」や「TOBICHI」で購入が可能となっている。また，「ほぼ日の塾」への参加をきっかけに，ほぼ日へ入社してコンテンツの編集に携わっている塾生や，外部のライターとしてほぼ日のオリジナル企画商品についての記事づくりを行っている塾生もいる。このようにして，ほぼ日は顧客のタレントを活用した価値創出のリソース増幅を実現している（図表8－1④，⑤，⑥）。

▶ 5 ｜ 戦略展開の評価

5-1　インターネットという新たなメディアの活用

　ほぼ日がインターネットという新たなメディアを早期から活用した戦略は，自社のビジョンに共感度が高く将来的な潜在顧客となる独自のコミュニティを形成・発展させ，後の効率的な収益化を実現したと評価する。

　時代的背景として，ほぼ日が現在も活動の中心となっている「ほぼ日刊イトイ新聞」をインターネット上に開設したのは1998年6月である。当時，家庭でのインターネット普及率は2割程度であった。一方で，この頃からインターネットを使用していたのは，新たなデジタルメディアの可能性に今後の可能性を見出していたイノベーターにあたる熱心なユーザーたちであったと考察する。また，デジタルメディアは，人々が興味や関心をベースに人々がつながるという特性を持つ。インターネット上でスポンサーを募らずに独自の「場」をつく

りだし，一貫したビジョンを持ったコンテンツを無料で毎日更新して充実させ，人々を集めるというほぼ日の戦略は，ユーザーの関心とメディアの特性の両方にフィットしていたと考えられる。「ほぼ日刊イトイ新聞」へのアクセス数は開設から3か月後には累計100万件を突破しており，その反響を見て取ることができる。ほぼ日は，継続的にコンテンツを更新し続け，「ほぼ日刊イトイ新聞」読者とのコミュニティを形成していった。その後，ほぼ日は読者に対して現在の主な収益源となるオリジナル商品販売を開始した。主力製品であるほぼ日手帳は，2001年の販売開始初年度より12,000部を売り上げ完売となる人気を博し，以降販売数を伸長させ続けている。

糸井重里はこの一連の取組みを，「人が集まる「銀座通り」をつくり「自動販売機」を置けば稼げると考えた」と表現している[4]。

5-2　戦略の独自性と模倣困難性

上記で述べた潜在市場となるコミュニティ形成と顧客化は，長い時間およびコストが必要となる。また，ほぼ日は新たなメディアに関心を持ったクリエイターと先駆けて協働することで，ユーザーにとって有意義なコンテンツを数多く集積することに成功し，インターネット上で早期からユニークなポジションを獲得している。

これらは，創業当初ほぼ日が糸井重里という求心力のあるクリエイターをコアにしていたことが大きい。実際に，「ほぼ日刊イトイ新聞」では，創刊当初から糸井重里からの呼びかけにより著名なクリエイターやパートナーとのコラボレーションが数多く実現している。さらには，糸井重里のほぼ日外部での活動は，ほぼ日が収益を生み出さないモデルを長期にわたり許容した。以上から，他社による模倣は容易でないと考察する。

---

4)　（出所）糸井重里（2004）「ほぼ日刊イトイ新聞の本」講談社

▶ 6 実現要因の考察

　ほぼ日のコミュニティ型マーケティング戦略が実現・成功した要因は，ほぼ日のコミュニティが，「いい時間」を提供するというほぼ日のビジョンへの共感をベースに形成されていることにより，発展的な循環型価値創造プロセスが成立しているためであると考える（**図表8－2**）。

図表8－2　ほぼ日のコミュニティにおける循環型価値創造プロセス

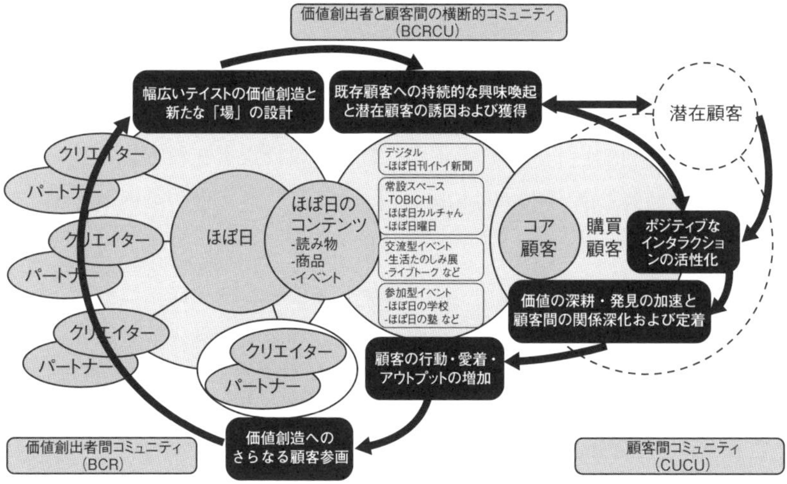

出所：筆者作成（2021）

6-1　ビジョンへの共感をベースに形成されたコミュニティ

　価値創出者のコミュニティ（BCR）においては，ほぼ日のビジョンを根底とした価値の創造が行われている。価値創出者と顧客間のコミュニティ（BCRCU）は，ほぼ日のビジョンが一貫して反映されたコンテンツが提供される「場」に人々が集まったものである。顧客間コミュニティ（CUCUコミュニティ）は，ほぼ日のビジョンに共感した人たちで形成されている。

このようなビジョンへの共感をベースにして形成されたコミュニティでは，人々の根本的なニーズが一致しているといえる。そのため，前述したコミュニティを活用したマーケティング戦略による顧客・コア顧客・価値創出のリソース増加という効果に加えて，継続的な価値や「場」の設計と共感の連鎖をうみだす，循環型価値創造プロセスの効果を享受することができると考察する。

6-2　循環型価値創造プロセス

循環型価値創造プロセスについて具体的に述べる。ほぼ日は，コミュニティを活用したマーケティング戦略により，価値創出者間コミュニティ（BCR）において価値創出クラスターの増幅を実現している。これによって，ビジョンを体験させるより幅広いテイストの価値創造と，それに適した新たな「場」の設計が可能となる。既存顧客に対しては持続的に「場」へ参加することを促すともに，離反を抑制して再購買を促す。また，新たな潜在顧客に対しても興味を喚起し，継続的な顧客獲得に貢献する。これは，共感度の高いコミュニティにおいて顧客のニーズがビジョンと一致していることによって実現する。

顧客間コミュニティ（CUCU）における顧客体験の増加は，さらなる顧客間のインタラクションを生みだす。交流は，既存顧客の知見に新規顧客の洞察が加わるため，より活発なものとなる。ここでは，ビジョンに共感する顧客でコミュニティが形成されていることによって，ポジティブなコミュニケーションが多く行われることが特徴である。コミュニティ内でメンバーたちが会話を続けることは，持続的な共感の連鎖と顧客間の関係深化につながる。これによって，価値の深耕と新たな可能性の発見が加速するとともに，顧客はコミュニティに定着していく。

コミュニティ内の信頼する仲間たちの声は，顧客の行動を増加させる。これによって，価値創出者と顧客の横断的コミュニティ（BCRCU）において顧客は様々な「場」を行き来するようになり，コミュニティの愛着をさらに高めていく。これは，購買のさらなる拡大とともに，価値創造のブラッシュアップにつながる顧客からのフィードバック獲得へと寄与する。また，近年幅広く企画

されている参加型のイベントからは，ビジョンの一貫した価値創造への顧客参画が継続的に生みだされ，さらなる価値や場へとつながっていく。

▶ 7 ｜ 今後の戦略展開の可能性

　ほぼ日は，自社のビジョンへの共感をベースとした3つのコミュニティを形成し，発展的な循環型価値創造プロセスを成立させることで成長を遂げてきた。ほぼ日が有している大きな財産のひとつは，価値創出者間コミュニティ（BCR）においてパートナーやクリエイターとのつながりを数多く保有していることである。それぞれのクラスターがほぼ日の顧客に「いい時間」を提供する多様なコンテンツを創出するとともに，ほぼ日へ新たな顧客をもたらしている。そのため，今後の戦略展開においてもこのコミュニティが重要な役割を担うと考察する。

　今後の戦略展開の可能性の第一は，価値創出者間コミュニティ（BCR）をさらに充実させていくことである。これによって，既存形態のコンテンツが充実されるだけではなく，これまでにはなかった形態のコンテンツ創出が行われる可能性がある。

　可能性の第二は，ほぼ日と協働するクリエイター同士のコミュニティ（CRCR）形成である。ほぼ日がそれぞれ直接のつながりを持っていなかったクリエイター間の交流を積極的に促していくことにより，新たな協働が生まれ，価値の創出と創造を活性化させる可能性がある。

　近年のほぼ日では，価値の提供と創造を多くの人の目につきやすい場所へと展開している動きがみられる。そのため，これまでほぼ日を知らなかった人にも，上記の戦略展開によってより幅広いテイストの価値が創造され，コンテンツが持つほぼ日のビジョンのコンテキストがよりイメージしやすくなるという効果が期待できる。さらには，現在，ほぼ日の売上は「ほぼ日手帳」への依存度が大きいが，今後，新たな収益の柱が構築されることも期待される。

▶ 8 | ほぼ日のコミュニティ型マーケティングからの学び

　第一に，企業規模以上の売り上げや収益を最大化できる可能性である。価値創出者間コミュニティ（BCR）によって独自性の高い価値を創造することは，既存顧客の再購買だけではなく，潜在顧客の取り込みも期待することができる。

　第二に，顧客ロイヤルティ向上の可能性である。自社のビジョンが一貫した価値を提供し続けることにより，顧客間コミュニティ（CUCU）では価値の深耕や共感の連鎖が生じ，顧客間のインタラクションがより活発になる。熱心なコア顧客は，積極的に発信を行う新たな顧客を育成することが期待できる。

　第三に，新たなリソースによる価値創造である。価値創出者と顧客間の横断的コミュニティ（BCRCU）に顧客参加の機会を設けることによって，熱心なコア顧客が新たな価値創出リソースとして価値創造に参画することが期待できるためである。

　さらに，ビジョンへの共感度が高いコミュニティを活動のベースとすることは，拡大し続ける顧客の効率的な定着と再購買を得る「循環型価値創造プロセス」を成立させることを可能とし，さらなる成長を実現することが期待できる。

　このようにして，従来の競争的なマーケティング戦略とは一線を画したアプローチが可能となり得るということが，ほぼ日のコミュニティ型マーケティングからの学びである。

近況の追記

　ほぼ日は，2005年11月から青山を拠点としてきたが，2020年11月に本社を神田に移転した。

　「ほぼ日の学校」を中心とした教育事業に力を入れることで，さらなる洞察を得て新たなコンテンツの創出と価値創造につなげていくことが狙いにあるよ

うだ。青山の地で先進的なコミュニティを確立し，マーケティングに活用して
成長を続けてきたほぼ日の活動の，新たな展開が期待される。

●付属資料-1　ほぼ日の事業内容

ほぼ日刊イトイ新聞
エッセイ、対談、インタビュー記事、
商品紹介など、オリジナルの読みものを、
1998年6月の開設以来、毎日更新しています。
P.11

ほぼ日ストア
アパレルや生活用品、食品、書籍など、
ほぼ日がさまざまなオリジナル商品を
企画・開発・販売しているお店です。
P.12

ほぼ日手帳
2002年版の誕生から2021年版で20年目を迎えた、
ほぼ日がつくるオリジナルの手帳です。
P.13

TOBICHI
東京と京都にある、「店舗」であり
「ギャラリー」であり、「イベント会場」です。
P.20

ほぼ日曜日　ほぼ日カルチャん
2019年11月からほぼ日が
渋谷PARCOに出店する
2つのお店です。
P.15

生活のたのしみ展
さまざまなアーティスト、ブランド、
企業などのかたがたとほぼ日がいっしょにつくる、
お買いものを中心としたイベントです。
P.17

ほぼ日のアースボール
2020年11月にリニューアル。国境のない地球儀は、
専用アプリでのぞけば、「今の地球」など
さまざまなコンテンツが飛び出します。
P.18

ほぼ日の学校
古典をテーマに、たのしく気持ちのよい
学びをお届けしてきた「ほぼ日の学校」は、
2021年春に新しい姿に生まれ変わります。
P.19

ドコノコ
犬と猫と人間をつなぐ
写真投稿型SNSアプリです。

weeksdays
スタイリストの伊藤まさこさんといっしょに、
衣食住に関するコンテンツや
商品を企画・販売するブランドです。

（出所）2020年8月期ほぼ日レポート

●参考文献

糸井重里（2004）『ほぼ日刊イトイ新聞の本』講談社

糸井重里（2014）『インターネット的』PHP研究所

川島蓉子・糸井重里（2018）『すいません，ほぼ日の経営』日経BP社

佐藤尚之（2018）『ファンベース』筑摩書房

佐渡島庸平（2018）『WE ARE NOT LONELY, BUT NOT ALONE』幻冬舎

宮副謙司編著（2015）『ケースに学ぶ青山企業のマーケティング戦略』中央経済社

株式会社ほぼ日
　https://www.hobonichi.co.jp/
「ほぼ日刊イトイ新聞」
　https://www.1101.com/home.html
株式会社 ほぼ日 2019年8月期 通期決算 決算発表説明資料
　https://ssl4.eir-parts.net/doc/3560/ir_material_for_fiscal_ym/71170/00.pdf

2019年8月期 ほぼ日レポート
https://ssl4.eir-parts.net/doc/3560/ir_material_for_fiscal_ym1/73354/00.pdf
2020年8月期 ほぼ日レポート
https://ssl4.eir-parts.net/doc/3560/ir_material_for_fiscal_ym1/90040/00.pdf
樋口あゆみ（2017）「組織社会学から見た「ほぼ日」」DIAMONDハーバード・ビジネス・レ
ビュー（WEB記事）
https://www.dhbr.net/category/soshikishakaigakukaramitahobonichi
糸井重里が語るヒットを生む組織づくり（2016）GLOBIS知見録
https://www.youtube.com/watch?v=tcXhGKPNnQE
愛されるロングセラーを生み出し続ける組織作り（2015）GLOBIS知見録
https://www.youtube.com/watch?v=TMNqfseEtno&t=1251s
https://www.youtube.com/watch?v=hfvCYox2gGg
https://www.youtube.com/watch?v=60ef9SZBvd0&t=1207s

第**9**章

きらぼし銀行

Summary

きらぼし銀行は，東京基盤の地方銀行で，主に東京圏（東京都及び神奈川県北東部）の個人や中小企業を中心に預金・貸出・為替などの業務を提供している。きらぼし銀行は，価値創造の起点に人材教育を置き，「知財による企業評価」「経営デザインシート」という独自の手法を用い社員のコンサルティング能力などを高めている。また同手法により，顧客企業との経営戦略策定などの作業をスムーズにしている。

これらの取組みにより社員の知識向上・共有ができることに加え，顧客企業へ提供するソリューションの質も向上する好循環を生み出している。

このようなきらぼし銀行の取組みは，まさに「コミュニティtoコミュニティ」（価値の作り手：企業側メンバー，価値の受け手：複数の顧客企業）としてコミュニティ型マーケティングが展開されているとみることができる。

Key Words

人材育成，知的資産経営，スタートアップ向けサービス，
コミュニティtoコミュニティ，経営デザイン

Data

事業内容：普通銀行業務（預金・貸出・為替など）

経常収益：837億円（連結経常収益：940億円）2020年3月31日データ

発足：2018年5月（創立：1924年12月）

※　本章の当該企業の事例研究の記述について，企業概要や展開の現状に関しては，企業担当者へのインタビュー及び一般に入手可能な公開情報に基づき記述している。本研究へのご理解，インタビューなどのご協力に対し，この場を借りて心より感謝申し上げる。なお，取組みの評価や今後の展開に関しては，筆者の考察に基づくものであり，当該企業の見解ではない。

▶ 1 はじめに

　株式会社きらぼし銀行は，株式会社東京きらぼしフィナンシャルグループ傘下の企業で，2018年に東京に本店を置く3行（株式会社東京都民銀行，株式会社八千代銀行，株式会社新銀行東京）が合併して誕生した東京基盤の地方銀行である。主に東京圏（東京都及び神奈川県北東部）の企業・個人向けに銀行の三大業務（預金，貸出，為替）を中心に提供している。

　「首都圏における中小企業と個人のお客さまのための金融グループとして，総合金融サービスを通じて，地域社会の発展に貢献します。」という経営理念を掲げ，経営方針を「きらりと光るグループ」「チャレンジするグループ」「思いをつなぐグループ」としている東京の地方銀行である。

写真9−1 きらぼし銀行本店の外観	写真9−2 本店1階コワーキングスペース

（左図　きらぼし銀行本店）
（下図　本店1Fコワーキングスペース「KicSpace」）

（出所）左：筆者撮影（2021）　右：きらぼし銀行ウェブサイト

▶ 2 きらぼし銀行の概要

2-1 企業概要

　「きらぼし」という名称は，「きらめく星。東京圏でお客さまの夢を一段と明るくきらめかせたい。シャープで，それでいて親しみやすい語感をそのまま生かして，お客さまの思いを預かり，次の世代へ力強くつないでいく」という願いが込められ社員の公募で決定した。シンボルマークに込めた想いとして，「きらぼし」が前を向いて胸を張って歩き出すようなデザインで，チャレンジする銀行として地域の皆さまとともに前進し地域に貢献していきたい，という意思を表している。シンボルカラーは，お客さまや社員の「想い」を大切にしながら，地域でキラリと光る存在感のある銀行に，という願いを込めて紺色で「信頼」「誠実」を，黄色で「未来性」「独自性」を表現している。

　本店は，東京オリンピック・パラリンピック競技大会のメインスタジアムである国立競技場が近い東京都港区青山に位置しており，「創業といえばきらぼし銀行」の実現に向けてスタートアップ向けサービスの充実をはかっている。

2-2 沿革

　きらぼし銀行の合併3行はそれぞれ強みを持った銀行であった。存続行である八千代銀行は1924年に有限責任住宅土地信用購買組合の調節社として設立し，1954年に東神信用金庫（元東神信用組合）と合併し八千代信用金庫となった。その後1991年に改組を行い第二地銀として八千代銀行となり，2014年に東京都民銀行との共同持ち株会社である東京TYフィナンシャルグループを設立した。

　東京都民銀行は，1951年に東京都及び東京商工会議所の支援により設立され，1961年に外国為替公認銀行となったことを皮切りに，中国や東南アジアの銀行との業務提携を行ってきた経緯がある。

　新銀行東京は，2004年に当時の東京都知事石原慎太郎氏の選挙公約（中小企

業対策）に基づき東京都がフランスのBNPパリバ信託銀行日本法人の全株式を取得し公有化して設立した。設立経緯から公共工事関連の融資等に強みがあったが開業後の経営は順風満帆ではなく公的資金注入や事業再建計画を実施し，2016年に東京TYフィナンシャルグループの傘下となった。

その後2018年に東京TYフィナンシャルグループは社名を変更し東京きらぼしフィナンシャルグループとなった。

2-3　中期経営計画の概要とその取組み

2018年から2021年の中期経営計画（計画名称：スタートアップ☆きらぼし）にて，「東京圏の新型タイプの都市型地銀の創造」，「東京圏の発展に当社グループが貢献していく決意（東京圏における存在感）」，「チャレンジ＆スピードをベースとした起業家精神」をコンセプトとした。

ビジネスモデルとして，「対話を起点としたビジネスモデルの構築」を掲げており，「お客さま，地域，投資家，職員との「質」の高い接点を持ち，皆さまの満足度向上につながる経営を目指す」としている。

そのための主要施策として，以下の3点を定めた。

・「コンサルティング機能の充実」：ファーストコールをいただける銀行を目指す。

・「対話により選ばれ，信頼される人材の育成」：「きらぼしびと」の育成。

・「お客さまとの接点強化を図るための業務改革」：仕事に対する意識と価値の改革により，仕事の意義と心の充実を感じる働き方を実現する。

⑴　イメージキャラクター

イメージキャラクターは，サンリオの「リトルツインスターズ（キキララ）」。2016年から東京きらぼしFGの前身である株式会社東京TYフィナンシャルグループの共通イメージキャラクターを引き継いだ。合併前から長らくサンリオのキャラクターを使用しており，東京都民銀行では2007年から2016年までサンリオの「シナモロール」を，八千代銀行では2000年から2016年までサンリオの

「ポチャッコ」をイメージキャラクターとしていた。店舗によっては銀行名より大きくリトルツインスターズのキャラクターステッカーが外ガラスに飾られているところもあり，キャラクターがプリントされた通帳やカード，ノベルティーを目当てに口座開設や来店する人もいる。

(2)　CSR・ダイバーシティ・SDGsの取組み

　また，CSR・ダイバーシティ・SDGsにも積極的に取り組んでいる。東京都中小企業振興公社と連携した「事業可能性評価事業」を活用した成長分野への取組みや，東京都と連携した「高齢者等を支える地域づくり」への協力などを通じて地域経済活性化や地域社会への貢献をしている。2018年10月に「ダイバーシティ推進室」の設置（2020年10月にSDGs推進チームに発展的移行），「働き方改革推進プロジェクトチーム」の発足，男性を含めた育児休業取得推進や女性活躍推進等を目的とした「きらぼしWoman's Inclusion情報交換会」の開催など，「『きらぼし流』働き方改革」の実現に向け，さまざまな取組みを進めている。2018年12月には女性活躍推進に関する取組みの優良企業として，厚生労働大臣より「えるぼし認定」の最上位となる「3段階目」の認定を受けた。

▶ 3　きらぼし銀行のマーケティング戦略

　きらぼし銀行の価値は取引先の成長へ伴走する"想い"であり，「知的資産経営のコンサルティング」，「知的資産導入プロジェクトの開催」，「コワーキングスペースの開設」等を通じて，想いの伝道師である"きらぼしびと"[1]が行うことで，社内外にきらぼし銀行のファンができるという戦略をとっている。

---

1)　「きらぼしびと」とは，「きらぼしフィロソフィー」（役職員全員が共通して持つべき意識・価値観・考え方で，社会貢献，組織の発展，自己実現，自らの幸せを実現させること）を実践するひとと社内で定義されている（2021年4月）。

本項では，まず，銀行業界の特徴の説明，銀行・地方銀行の概要を説明した上で，きらぼし銀行の経営方針・独自の取組みからマーケティングの特徴を見ていく。

3-1　銀行業界の特徴

銀行は店舗・取引先への訪問やWebを介して（Place），無形商品を提供している。規制産業のため取扱い商品はどこも類似しており商品の独自性を起因としたマーケティング戦略が存在しないことが多い（Products，Price）。また，取引の起因となるニーズは，経済活動の中で企業の成長過程や個人のライフプランにより引き起こされる形態である（Promotion）。取引の拡大は一般的に"企業の血液"である運転資金や開発費等の貸出業務や預金業務をしていることから取引先の企業規模が大きくなることで銀行との取引が拡大する仕組みがある。

以上のとおり銀行業界はハード面（商品面）での差別化が難しいためマーケティング活動ではソフト面（想いや人材力）が重要な成功要因となる。

3-2　銀行・地方銀行の概要

銀行は国内人口の減少，日本銀行によるマイナス金利政策，銀行業への異業種参入等の規制緩和などを背景に，業態に関わらず全体的に厳しい経営状態が続いている（**図表９－１**）。

地方銀行にフォーカスすると，上場地方銀行78行・グループの連結純利益は2020年３月期まで４年連続で減少しており，本業の損益は４割が赤字で，東証

図表９－１　各業態の銀行数比較

年度	都銀	(第一)地銀	第二地銀	信託銀	長信銀	その他銀行	信金	信組	労金	連合会	他
1984年度	13	64	69	7	3	0	456	462	－	－	－
2019年度	5	64	38	14	0	15	255	145	13	3	1
減少率	62%	0%	45%	－100%	100%	－	44%	69%	－	－	－

（出所）預金保険機構HP「預金保険対象金融機関数の推移」のデータをもとに筆者作成（2021）

１部上場企業のPBR（株価純資産倍率）ワースト10位のうち7銘柄を地方銀行が占める状況にある。

3-3　きらぼし銀行のマーケティング戦略-ターゲティング，ポジショニング

きらぼし銀行は，経済規模の大きな東京圏において，中小企業やスタートアップ企業に注力していることで，他県の地方銀行やメガバンクとの差別化がはかられている。

⑴　きらぼし銀行と他地域の地方銀行

地方銀行は地方エリアにおいて大きな影響力をもっており当該エリアを代表する企業から中小企業まで幅広い取引をしているため，１行の地方銀行が都道府県内シェアの半分以上を持っていることも少なくないが，きらぼし銀行の東京圏でのシェアは低い。しかし外部環境では地方エリアに比べ東京圏の経済力や人口動向は規模の大きさや将来性という地域ハード面の違いがある（図表９－２）。

図表９－２　経済指標：東京・神奈川と全国の比較

対象	総生産（名目）／10億円	人口／百万人	従業者総数／百万人
全都道府県計	549,866	126.2	46.8
東京都・神奈川県（%）	139,079（25.3%）	23.1（18.3%）	15.6（33.3%）

対象	企業数/社	中小企業	大企業
全都道府県計	3,589,333	3,578,176	11,157
東京都・神奈川県（%）	606,003（16.9%）	600,836（16.8%）	5,167（46.3%）

（出所）県内総生産（名目）：内閣経済社会総合研究所国民経済計算部が発表した「平成28年県民経済
　　計算について」より引用
　人口：人口統計調査2015年国勢調査結果（確定数）をもとに筆者作成（2021）
　企業数，従業者総数：中小企業庁「都道府県・大都市別企業数，常用雇用者数，従業者数（民営，
　　非一次産業，2016年）」より引用

⑵ きらぼし銀行とメガバンク

　東京圏ではメガバンクがシェア面で上位を占めている（**図表9－3**）。しかし，メガバンクは大企業・中堅企業を中心に営業展開しており，中小企業までアプローチできていないのが実態である。東京圏には中小企業が数多く存在するため，きらぼし銀行は中小企業を取引の中心とすることでメガバンクとのすみ分けがなされている。

図表9－3　都道府県別メインバンク取引者数ランキング（2019年）

都道府県	1位	2位	3位	4位	5位
東京都 社数 （割合）	三菱UFJ銀行 53,498 （23.61%）	みずほ銀行 47,879 （21.13%）	三井住友銀行 40,064 （17.68%）	りそな銀行 12,908 （5.70%）	きらぼし銀行 7,058 （3.12%）
神奈川県 社数 （割合）	横浜銀行 16,867 （22.22%）	三菱UFJ銀行 7,785 （10.26%）	みずほ銀行 7,734 （10.19%）	三井住友銀行 7,210 （9.50%）	横浜信金 5,823 （7.67%）

（出所）東京商工リサーチ調査結果より引用

3-4　価値の創造

　きらぼし銀行の価値は，商品もさることながら，取引先の成長へ伴走する"想い"である。きらぼし銀行は，前述の中期経営計画のビジネスモデルで，「対話を起点としたビジネスモデルの構築」を掲げており，顧客との対話を重視している。それは従来の数値化された財務諸表を中心とした企業理解だけでなく，対話から企業の本来の良さを見出し，共に成長することで持続的な企業経営と地域経済の活性に寄与することを意味している。これは中小企業を取引先の中心としているきらぼし銀行ならではの価値と捉えられる。

3-5　価値の伝達

　取引先企業に向けて「知的資産」というキーワードを軸に事業性理解の深化をはかり企業のコンサルティングを実施していることに加え，「知的資産導入

プロジェクト」の実施や，スタートアップ企業向けにコワーキングスペースを開設するなど，きらぼし銀行の"想い"を伝達している。

知的資産とは，特許やノウハウ等の「知的財産」と同義ではなくそれらを一部に含み，組織力・人材・技術・顧客等とのネットワークなどの財務諸表では表れてこない目に見えにくい経営資源を指す。企業の本当の価値・強みであり企業競争力の源泉となるものであると経済産業省は定義している（**図表9－4**）。

知的資産を用いた経営は知的資産経営と呼称され，知的資産を把握し会社の強みとして活用することで業績や企業価値の向上に結びつけることとされている。また，「知的資産経営報告書」をもって企業の過去・現在・将来の価値創造プロセスを明らかにして，企業の価値創造をより信頼性を持って説明できるようになる。

図表9－4　知的資産の捉え方

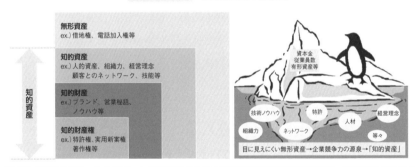

(出所)「経済産業省　知的資産・知的資産経営とは」「経済産業省近畿経済産業局　知的資産経営のすすめ」より引用

きらぼし銀行における知的資産経営は，独立行政法人中小企業基盤整備機構が作成した「事業価値を高める経営レポート」だけでなく，内閣府知的財産戦略本部の「知財のビジネス価値評価検討タスクフォース」が策定したツール「経営デザインシート」も活用し，推進している。

きらぼし銀行が実施している「知的資産導入プロジェクト」では，半期ごと

に取引先をピックアップして，「事業価値を高める経営レポート」を活用し，取引先と協業して見えざる強みの整理・発掘を行う。本取組みは担当社員と同店支店長・上司だけでなく，本部社員・外部専門家等と一緒になって外部環境分析等を実施する。半期の最終には取組企業を招待し成果報告のプレゼンテーションを行う。取引先企業にとっては他社の状況を把握する貴重な機会であり，かつビジネス以外で他企業とつながれる絶好の機会となっている。

本取組みにより取引先との対話重視のマインドを営業店社員へ定着させ，経営者との対話を継続実施できる仕組みを構築することで，昨今言われている"銀行の事業性評価力が衰退してきている"との課題の解決にも通ずる。

3-6　価値の提供

きらぼし銀行は，東京都及び神奈川県北東部の企業・個人向けに銀行の三大業務（預金，貸出，為替）を中心に提供している。

具体的な価値の提供は，前述のビジネスモデルの主要施策で記載した"きらぼしびと"が担い，取引先の成長へ伴走する"想い"から展開される。きらぼし銀行の理念に共感している"きらぼしびと"が価値を提供するため，価値の理解度，自主性，熱意など高水準のレベルが見込める。

▶ 4　きらぼし銀行のコミュニティのつくり方・活かし方

きらぼし銀行は，"想い"を人材育成プログラムによって若手社員へ共有・伝達し，長期間に渡るプログラムの中で社員間の交流から共感が生まれる。その"想い"を取引先企業へ知的資産経営のご支援という形で提供したり，知的資産導入プロジェクトで顔合わせた参加企業間でプロジェクトを通して"想い"を共有する。それら取組みを通じて得たノウハウや企業からのフィードバックを社員や他行へ共有し，"想い"が広がっていくという循環型のコミュ

ニティ型マーケティングを実施している（**図表9－5**）。

図表9－5　きらぼし銀行のコミュニティ型マーケティングの概念図（考察）

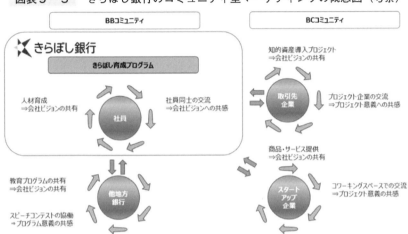

（出所）きらぼし銀行担当者へのインタビューをもとに筆者作成（2021）

4-1　人材育成プログラム

　知的資産経営は，顧客との対話を大切にしているきらぼし銀行にとって非常に有用な取組みと考えられる。一方で本来の企業価値の見極めは，従来の数値化された財務諸表を中心とした評価と比べ困難であるため，人材の資質が重要である。そのためきらぼし銀行は中期経営計画でも掲げているとおり，きらぼしびとの育成において特徴的なプログラムを実施している（**図表9－6**）。

図表9－6　「きらぼしびと」育成プラットフォーム

（出所）2019年3月期会社説明会資料

営業店に勤務する入行3年目までの社員に向けた人材育成プログラムとして，「きらぼしレポート」という通信教育型のプログラムを実施している。同研修では，「事業価値を高める経営レポート」を元に作成した対話ツールを使い，受講者である営業店新入社員と講師役社員がやりとりし，長い時間をかけて成長を促すものである。

まず，受講者は自分が採り上げたい取引先法人（規模の大小・担当先か否か等は問わない）を選択し，対話マニュアルを用いて取引先経営者へインタビューを実施する（上席や先輩社員の同行も可）。そして，インタビュー内容を所定のレポートへ書き起こし本部へ提出すると，本部社員が"対話"のポイントを赤ペンで添削し，受講者へフィードバックし，またインタビューに行くという流れになっている。

本研修の特筆すべき点は，内容に加えて，上席にも協力要請を明確にしていること，また入行1～3年目の社員には業績目標を廃止し育成期間と明確に定めていることである。これにより着実な能力向上をはかることができる。

4-2 他エリアの他行と想いを共有ノウハウ共有

きらぼし銀行では，上記のプログラムで優秀な成績をおさめた入行3年目の対象者を本部が選定して，「きらぼしレポート　アウォーズ」と題し，採り上げた取引先企業について全新入社員に加え審査員として役員や本部関連部署の部長，主催の連携推進部の行員に向けてプレゼンテーションを実施する大会を2017年から実施している。

また2019年には，「きらぼしレポート」等を参考に取組みを始めた他県の地方銀行の有績者をスピーチコンテストにプレゼンターとして招待している。このように特定業務のインターンシップ以外では他行との交流が少ない銀行業界において，他県の地方銀行と交流を図る好機となっている。

4-3　スタートアップ企業のご支援〜「創業といえばきらぼし銀行」の実現に向けて〜

　多くのクリエイティブ関連企業が集積する青山エリアにおいて，数多くのスタートアップ企業向け商品やサポートサービスの提供に加え，立地の良さを活かした交流の場も提供している。

　創業サポートローン等商品の提供や，各種インキュベーションセンターの設置，日本政策金融公庫と連携した協調融資スキーム「きらぼし創業サポート」の取組みやベンチャーファンドの組成，シード期向けに投資をするベンチャーファンドにLP（Limited Partner）出資をし，出資先の成長支援に取り組んでいる。

　また，東京オリンピック・パラリンピック競技大会（2021年）のメインスタジアムである国立競技場に近い南青山の本店１階スペースに「東京観光案内窓口」（港区観光インフォメーションセンター）の設置ならびに会員制コワーキングスペース「KicSpace（Kiraboshi Conect Space）」を2020年12月にグランドオープンした。東京観光案内窓口は全国に295カ所（2019年12月19日現在）あるが，金融機関としてはきらぼし銀行が初の開設となる。また，コワーキングスペースでは人や仕事のつながりを醸成し新しいコミュニティ形成やビジネスチャンス発掘の場として招待会員制で解放している。日中は「SHINE TIME」のフリーアドレスのスペース，17時以降は，「STAR TIME」のイベントスペースとなり，会員へ新しい技術や情報収集ができる場所を提供している。

▶ 5 戦略展開の評価

5-1 人財にフォーカスした循環型のコミュニティ形成

　これから大きな変化が予想される銀行業界，特に地方銀行において，きらぼし銀行は目先の利益に捉われず企業の根幹である"人財"にフォーカスして循環型のコミュニティ形成にフォーカスしていることは，長期的視点でみると功を奏す期待が高い。統合・再編が予想される中で社員数やコスト面でのメリットは早期に表れるが，取引先との関係構築には時間を要するため，取引先との強固な関係性は銀行にとって非常に強みとなる。そしてこの関係性がまさしく知的資産であり，知的資産経営を推進するきらぼし銀行自体も知的資産経営を実施していることは大変評価できる。

5-2 知的資産経営のコンサルティング

　中小企業やスタートアップ企業という財務諸表のみの評価では報われにくい取引先に対し知的資産経営のコンサルティングを行っていることも評価できる。取引先の成長が地域経済の活性化につながり，それが地方銀行の発展となるため，取引先と伴走することが銀行の持続的成長とメガバンクとの差別化に繋がる。

　その中で活用実施している「経営デザインシート」の取組みは，取引先と想いを一層共有できることに加え，一般的に3年程で異動がある銀行員の交代時に社員間・銀行と取引先間のコミュニケーション・関係性を切らすことなく継続できるため，強固な関係性の維持に寄与している。

5-3 「コミュニティtoコミュニティ」の関係でのマーケティング

　このようなきらぼし銀行の取組みは，価値の作り手：企業側メンバーのコ

ミュニティと価値の受け手・顧客企業の複数メンバーのコミュニティの関係，まさに「コミュニティtoコミュニティ」の関係でのコミュニティ型マーケティングが展開されているとみることができる。これらの取組みにより社員の知識が高まり，顧客企業へのソリューションの質が向上するという好循環を生み出している。

▶ 6 ｜ 実現要因の考察

　きらぼし銀行は"想い"という価値の伝道師である"きらぼしびと"を育てるための人材育成プログラムに注力していることが成功要因である。

　東京きらぼしフィナンシャルグループの三つの経営方針の一つである「思いをつなぐグループ」では，お客さまを大切にすること，地域を大切にすることに加え，社員の「思い」を大切にする，としている。社員のことを経営方針として明記している銀行は多くないなかで，きらぼし銀行は社員を人財として捉えている。一般的には"人財"育成は短期的には効果が表面化しにくい。しかし，きらぼし銀行は東京圏・中小企業中心の経営のため他地方銀行・メガバンクとのすみ分けができていること，東京主体3行の合併による人員を分散させることなく東京圏に投入できていることから，短期的な利益を追求することより，関係性深化に注力したり，"人財"育成やスタートアップ企業向けの取組みへ注力ができていると考察する。

▶ 7 ｜ きらぼし銀行の今後の可能性

7-1　コミュニティ型マーケティングの取組みによる企業成長

　既に他県の地方銀行が"想い"に共感して同様の取組みを行っているように，

この取組みを継続して共有することでより大きなコミュニティ形成に繋がって
いき，きらぼし銀行にとって中長期的に優位に働くことだろう。また，企業の
経営課題に対しきらぼし銀行グループの創業支援ノウハウや，顧客基盤から最
適な解決策を持つ企業のマッチングを提供するオンラインビジネスコミュニ
ティ「Digibata（デジバタ）」を2021年4月に開設し，様々な事業交流と事業
育成の場となることが期待される。このように東京圏という地域性をさらに活
かすことでより継続的なコミュニティ型マーケティングになると推察する。

7-2　社会変化が進む東京圏に立地することを強みに活かし変化する先行する

　きらぼし銀行は東京圏という変化の訪れが早い地域にあるからこそ，他地域
の地方銀行より流行を早く感知でき，それらへ早期から深く取り組むことがで
きる。これによりミレニアル世代以降にとっての「パイオニア銀行」となれる
可能性がある。

　例えば，本社からほど近い代々木公園で毎年開催される東京レインボープラ
イド（特定非営利活動法人東京レインボープライド主催のLGBT等セクシュア
ル・マイノリティの存在を社会に広め，「"性"と"生"の多様性」を祝福する
イベント）やダイアログインザダーク（暗闇の中で視覚以外の感覚を使って食
事等日常生活の様々なシーンを体験するエンターテイメント）などソーシャル
活動をエンターテイメント化された活動が東京には多く存在する。きらぼし銀
行のステークホルダーが体験することでダイバーシティの正確な理解やマイン
ドを共有でき，ステークホルダー間で共感することでコミュニティの広がりと
深化ができるだろう。きらぼし銀行の取組みに対しダイバーシティやSDGs等へ
の意識が高いと言われるミレニアル世代以降の人が共感しファンになることで，
従来新規口座獲得が難しい銀行業界において新規の口座開設や預金，スタート
アップ企業や個人事業主等の取引が生まれる可能性が高まると思料する[2]。

---

2)　ミレニアル世代＝2000年代に成人あるいは社会人になる世代

▶8 きらぼし銀行のコミュニティ型マーケティングからの学び

8-1 長期的戦略に対する経営資源の活用

　長期的戦略に対する経営資源の活用方法について学びが多い。きらぼし銀行のような上場企業であれば株主等多くのステークホルダーがいることもあり，単年度決算という短期戦略に捉われがちだが，きらぼし銀行は活動エリアが東京圏である地理的優位性や東京主体の3行合併という経営資源を循環型のコミュニティ型マーケティングという長期的戦略を実現するための下支えとして活用している。もし，きらぼし銀行が経営資源を短期的に活用する戦略をとっているなら，営業員を増員し3行合併前より収益を拡大することを目的とした計画をたてるだろう。どのようになるか予測が難しい10年先よりも目に見える実績を優先することは分からなくないが，長期的戦略がみえず方向性が分かりにくい企業が多くあるのも事実だ。地方銀行の再編等が声高に叫ばれているいま，現在の従業員も今後入社する社員もそして取引先も安心できるよう長期的戦略への取組みが重要である。

8-2 人材育成を起点とする企業の価値創造・伝達・提供の活動

　企業のファンを獲得するために会社をあげた人材育成から始める企業があることを知ったことも学びである。ファンの獲得は施策策定・推進だけでは難しく施策を実行する人材が重要だ。大型施策を実行する際，新たな部署やチームを立ち上げても実行者は従来の社員がそのままスライドして従事する場合が多く，研修もチーム内で行うことが多いが，業績評価の制度を変更して長期にわたる研修制度を実行者向けに企画実行する等，会社をあげて推進することは，当該施策の成功に導く重要な要因である。

長期的戦略の成功に向けた経営資源の活用や会社全体での取組みは，企業体力や前提条件も必要ではあるが，他企業でも活用が進むことを期待する。

●**付属資料－１**　きらぼし銀行の概要（2020年3月31日現在）

商号	株式会社きらぼし銀行
	（英文名称：Kiraboshi Bank, Ltd.）
事業内容	1．銀行，その他銀行法により子会社とすることができる会社の経営管理
	2．その他前号の業務に付帯関連する一切の業務
本店所在地	東京都港区南青山三丁目10番43号
発足	2018年5月
資本金	437億円
株主	東京きらぼしフィナンシャルグループ
総資産	5兆4,910億円
自己資本比率	8.35%
預金等残高	4兆6,603億円
貸出金残高	3兆7,698億円
経常収益	837億円
経常利益	47億円
店舗数	164店舗（有人出張所を含む）
エリア	東京都及び神奈川県北東部
従業員数	2,771名

●**付属資料－２**　東京きらぼしフィナンシャルグループの概要（2020年3月31日現在）

商号	株式会社東京きらぼしフィナンシャルグループ
	（英文名称：Tokyo Kiraboshi Financial Group , Inc.）
事業内容	1．銀行，その他銀行法により子会社とすることができる会社の経営管理
	2．その他前号の業務に付帯関連する一切の業務
本店所在地	東京都港区南青山三丁目10番43号
設立	2014年10月1日
総資産（単体）	1,991億円
連結自己資本比率	8.65%
連結経常収益	940億円
経常利益	23億円

●参考文献
大野晃・西島康隆（2020）『地域金融機関の合併の実務』金融財政事情研究会
宮副謙司編著（2015）『ケースに学ぶ　青山企業のマーケティング戦略』中央経済社
宮副謙司（2021）「コミュニティ型マーケティング　新たなマーケティング・フレームワークの考え方」日本マーケティング学会Working Paper Vol.7 No.4

東京きらぼしフィナンシャルグループ
　2018年　中期経営計画資料（2018年 5 月 1 日）
　2018年　ディスクロージャー誌（2018年 7 月）
　2018年度　有価証券報告書（2019年 6 月27日）
　2019年　ディスクロージャー誌（2019年 7 月）
　2019年 3 月期　会社説明会資料（2019年 6 月 6 日）
　2020年 3 月期　決算概要資料（2020年 5 月13日）
東京TYフィナンシャルグループ
　2014年　東京TYフィナンシャルグループの経営計画（2014年10月29日）
　2015年　ディスクロージャー誌（2015年 7 月）
　2015年　地域密着型金融の取組み状況（2015年 6 月30日）
　2016年　ディスクロージャー誌（2016年 7 月）
　2016年　地域密着型金融の取組み状況（2016年 7 月15日）
　2017年　ディスクロージャー誌（2017年 7 月）
東京都民銀行
　2014年　ディスクロージャー誌（2014年 7 月）
八千代銀行
　2014年　ディスクロージャー誌（2014年 7 月）
新銀行東京
　2014年　ディスクロージャー誌（2014年 7 月）
　2015年　ディスクロージャー誌（2015年 7 月）
　2015年中間期　ディスクロージャー誌（2016年 1 月）

記事
・日本銀行HP
　https://www.boj.or.jp/
・金融庁HP
　https://www.fsa.go.jp/
・財務省近畿財務局HP
　http://kinki.mof.go.jp/
・一般社団法人全国銀行協会
　https://www.zenginkyo.or.jp/
・一般社団法人全国地方銀行協会

https://www.chiginkyo.or.jp/
・一般社団法人第二地方銀行協会
https://www.dainichiginkyo.or.jp/
・内閣府経済社会総合研究所「平成28年度県民経済計算について」
https://www.esri.cao.go.jp/jp/sna/sonota/kenmin/kenmin_top.html
・東京TYフィナンシャルグループ「地域密着型金融の取組み状況」（2016年7月15日）
https://wired.jp/2016/06/11/vol23-goldwin/
・東京都産業労働局「クリエイティブ産業の実態と課題に関する調整」
https://www.sangyo-rodo.metro.tokyo.lg.jp/toukei/pdf/monthly/creative2014.pdf

第10章

マッキャンエリクソン

Summary

マッキャンエリクソンは，「ブランドが意味のある役割を果たすために貢献する」というミッションのもと，世界的な生活者の変化を捉えるTruth Studiesという研究を行い，その共有会を中心としたコミュニティを形成している。そのコミュニティは，既存顧客，新規顧客，グループ会社社員との関係性強化に貢献している。

マッキャンエリクソンでは企業ミッションに基づいたコミュニティによって，オープンな場を設定し，顧客企業の役に立つ情報を提供し，中期的なWin-Winを創造している。物理的なスペースを有効活用しながら，グループ会社全体の高い専門性を結集してコミュニティ型マーケティングを進めて成功を収めている。

Key Words

企業ミッション，オープンな場の設定，物理的な場の活用，広告会社，B2B

Data

事業内容：広告コミュニケーション（米国ニューヨーク本社を拠点に，世界100カ国以上で活動する世界有数のマーケティング・コミュニケーションズ・グループのマッキャン・ワールドグループ傘下の日本法人）

創業：1912年（ニューヨーク本社），1960年（日本）

※　本章の当該企業の事例研究の記述について，企業概要や展開の現状に関しては，企業担当者へのインタビュー及び一般に入手可能な公開情報に基づき記述している。本研究へのご理解，インタビューなどのご協力に対し，この場を借りて心より感謝申し上げる。なお，取組みの評価や今後の展開に関しては，筆者の考察に基づくものであり，当該企業の見解ではない。

▶ 1 　はじめに

　マッキャンエリクソンという名前をご存知の方は，何かしら広告業界と関係した仕事をされていた方になるのではないか。広告会社というものは，自社のことをあまり世の中全体に対して積極的にアピールすることはしていない。自分たちの関わっている仕事について社名をつけてアピールするのは業界誌など業界関係者向けに留まっている。それは，主な顧客が一般消費者ではなく，広告主と呼ばれる企業が中心のB２Bの業態であり，守秘情報も多いからである。

　しかし，携わっている仕事は，最終的には多くの消費者が日頃から様々なメディアで目に触れているものばかりである。このように黒子のように徹する立ち位置という特殊な事情もあって，広告会社については，多くの人が「実際には何をしているのだろうか？」と不思議に思われることが多い。その謎が多いことから，実態とは異なる妄想や誤解をされたりすることも多いのも広告会社である。

　世界的な広告会社であるマッキャンエリクソンも皆様がよく知っている広告を制作している。マスターカードのプライスレスキャンペーン，日本ロレアルメイベリン ニューヨークの広告は，全世界でマッキャンエリクソンが関与している。その他にも東レ株式会社など多くの日本企業の広告制作にも携わっている。

　そのマッキャンエリクソンのコミュニティ型のマーケティングは，どのようなものだろうか。例えば，グローバルブランディングというナレッジを共有する勉強会のようなセミナー型コミュニティをベースとして，都内の中心にあるコラボレーション型にデザインされたオフィスの特徴も活かし，持っている知見を隠すことなく日本企業にとってのグローバルブランディングのあり方を共有している。そのコミュニティに参画していた企業がその後にグローバルブランディングの必要性に迫られて，新たな業務をマッキャンエリクソンに依頼したというような事例が数多くある。

写真10－1　マッキャンエリクソンの制作物
（一例。日本ロレアル メイベリン ニューヨークと東レ株式会社）

（出所）マッキャンエリクソン　ウェブサイト（2021年３月24日入手）

　本章では，20年以上広告業界にて従事してきた著者がその業務の実態や，青山企業としてマッキャンエリクソンがどのようなコミュニティ型のマーケティングを実施しているのかをご紹介する。

▶2 | マッキャンエリクソンの概要

マッキャンエリクソンは，ニューヨークに本社をおき100カ国以上に10,000

人以上の社員がいる国際的な広告会社ネットワークである（**図表10－1**）。

　歴史は長く，1912年にニューヨークにて創業しており，その後，東京にも1960年に日本初の日米合弁広告会社マッキャンエリクソン博報堂として進出し，日本においても2020年末に丁度60周年を迎えた。社員の名刺の裏には，"Truth Well Told"と書かれており，Truth（真実）を見つけてそれを巧みに伝えることを，誇大広告などが多かったアメリカの創業当時から今に至るまでずっと大切にしている。近年ではソーシャルメディアの発展によりフェイクニュースなどという概念も広がり，改めてまた世界的に真実（Truth）が注目されるようになっているのは興味深い動きである。

図表10－1　マッキャンエリクソングループの企業

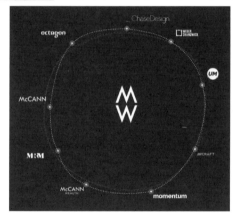

（出所）マッキャンエリクソン　ウェブサイト（2021年3月24日入手）

　マッキャンエリクソンは，インターパブリック・グループ（IPG）傘下のマッキャン・ワールドグループというマーケティング・コミュニケーション・グループに属しており，兄弟会社として，デジタルエージェンシーのMRMやエキスペリエンスマーケティングのモメンタム，ヘルスケアマーケティングのマッキャンヘルス，プロダクション会社のクラフト，ブランディング会社のフューチャーブランド，PRを会社のウェーバー・シャンドイックなどがある。

また，メディアブランズ，マレンロウやFCBなどとともにIPGグループの一角を占め，世界の広告会社の4大ホールディングカンパニーの1つと呼ばれている。

　世界的に有名な広告としては，1971年のコカ・コーラ社のHilltopと呼ばれる広告とその歌 "I'd Like to Teach the World to Sing" がある。丘の上で，さまざまな人種が一堂に介して一つの歌を歌う広告は多くの共感を呼んだ。また，日本でもよく知られている世界的な広告キャンペーンとしては，1997年に開発されたマスターカードの「お金で買えない価値がある，買えるものはマスターカードで」というキャッチコピーで有名な広告がある。この広告は世界100カ国以上に展開し，プライスレスというブランドの価値が20年以上経った今でも続いている非常に成功した世界的な広告キャンペーンである。

　McCANN（マッキャンエリクソン）以外の主なグループ会社の説明は以下のとおり。

(1)　エムアールエム・ワールドワイド（MRM）

　データサイエンス，テクノロジーイノベーション，そしてクリエイティブを駆使して，ブランドが人々との意味のある関係を築くことを支援するリレーションシップマーケティングのリーディングエージェンシーで北米，中南米，ヨーロッパ，中東，アジア太平洋地域に40以上のオフィスを展開している。

(2)　マッキャンヘルス（McCann Health）

　日本国内に150名を超えるヘルスケア専門スタッフを擁し，過去20年以上にわたり，国内のステークホルダーインサイトにグローバルマーケティングのノウハウを重ねることで，クライアントにより実効性の高いコミュニケーション戦略を開発提供している。また，アジア有数の業界誌CampaignのAgency of the Year賞で日本/韓国地域 "Specialist Agency of the Year スペシャリスト・エージェンシー・オブ・ザ・イヤー" の9つの金賞を含む11年連続の受賞を達

成した。http://www.mccannhealth.co.jp/

⑶　モメンタム ジャパン（Momentum）

　世界初のグローバルな体験型広告会社である。ブランドが何を言うかではなく，何をするかが重要である」というシンプルな理念に基づいて設立され，クリエイティビティ，テクノロジー，戦略，洞察力，そして実行力を融合させることで，クライアントにトータルなブランド体験を提供している。6大陸に40以上のオフィスを構え，2,000人以上の従業員を擁している。

⑷　UM

　メディアとクリエイティビティ，データとコンテンツ，サイエンスとアートの境界線を曖昧にすることを使命とするクリエイティブメディアエージェンシーでIPGのメディアグループのメディアブランズの一員でもあるUMは，世界100カ国に130以上のオフィスを持ち，業界をリードするブランドのためにカスタムメイドでベストなメディアソリューションを創造することを目指している。また，日本ではメディアプランニングとバイイングの両方を提供できる唯一の外資系エージェンシーであることを強みとしている。

⑸　クラフト ワールドワイド（Craft）

　世界120カ国，1,300人以上の制作者で構成され，20以上のスタジオで活動している，グローバルにつながるクリエイティブ制作事業である。コンテンツ制作，印刷，デジタル，放送，トランスクリエーションを専門としている。クラフトは，データ，テクノロジー，グローバルなリソースを活用し，ブランドが人々の生活の中で意味のある役割を果たすことができるような作品を制作している。

⑹　ウェーバー・シャンドウィック（Weber Shandwick）

　世界34カ国80都市に拠点を持つPRを専門とする世界有数のコミュニケー

ションおよびエンゲージメント会社である。消費者マーケティング，コーポレート・レピュテーション，ヘルスケア，テクノロジー，パブリック・アフェアーズ，金融サービス，従業員エンゲージメント，ソーシャル・インパクト，ファイナンシャル・コミュニケーション，危機管理などのセクターや専門分野において，独自のソーシャル，デジタル，アナリティクスの手法を用いて深い専門知識を展開している。

▶ 3 │ マッキャンエリクソンのマーケティング戦略の概要

3-1 広告業界の仕組み

　前述のとおり広告業界の仕組みはわかりにくいので，まずは簡潔に広告業界における伝統的なビジネスモデルを解説しておきたい。

　広告業界における基本的なお金の流れを見てみると，広告主の企業が起点になる。広告主は特定の商品やサービス，あるいは自社全体のブランドイメージを上げるために，広告会社へ広告制作を依頼する。広告主が広告会社に支払うお金は，大きく「広告制作費」と「媒体（メディア）費用」に分かれる。媒体とはインターネット，テレビ，新聞，雑誌，ラジオなどのことを指す。広告制作費とは広告の中身を作るための費用で，例えば，テレビコマーシャルの場合，撮影費やタレントの出演料，印刷費などがこれに当たる。一方，媒体費用とは制作した広告をメディアに載せるための費用になる。広告会社は媒体社に媒体費用を支払い，広告を納品し，世の中に広告が流れる。消費者がその広告を見て，商品・サービスを認知し，購入意向が高まることで，商品が売れ，元々の依頼主である広告主企業の利益につながる。

3-2　ターゲット顧客

　マッキャンエリクソンのターゲット顧客は前述の広告主に当たるが，そこには欧米企業と日本企業の両方が存在している。その比率を公開することは難しいが，一般的に欧米の広告会社だと，顧客も欧米企業がほとんどなのかと外から見ていると想像されるが，公式ホームページなどを見ると日本企業の比率もある程度散見される。また，顧客の企業規模は想像どおりに大手の企業が多い。欧米企業の中には，マッキャンエリクソンの全世界での契約をしていて，その理由から日本でもビジネスをしているクライアントもある。一方で，一部の欧米企業や多くの日本企業は日本のマッキャンエリクソンと独自に契約をしている。長年日本にてビジネスを展開してきたからこそ，日本市場に根付いたビジネスが展開できている。

　日本企業の中には，マッキャンエリクソンのもつ欧米も含めたグローバルなネットワークに魅力を感じて，グローバル・ブランディングのパートナーとして仕事を依頼する企業も多い。日本企業にとって真のグローバル化が必要になってきている中，欧米にもネットワークを張り巡らせ，欧米世界でも成功できる価値観を理解しているマーケティングパートナーの存在は心強く，今後もこのようなニーズは拡大していくだろう。

　（※最近の主な仕事については，企業ウェブサイトにて紹介されているので，ターゲット顧客についてもこちらから確認することができる。https://www.mccannwg.co.jp/work）

3-3　価値の創造

　マッキャンエリクソンが提供している価値としては，「アドバタイジング & マーケティング，ストラテジー & クリエイティブ，インテグレイテッド プロダクション，コンテンツ クリエーション & アクティベーション，エクスペリエンス & インタラクティブ デザイン，デジタル マーケティング」などが公式ホームページにあげられている。具体的には，ホームページには以下のよう

に解説されている[1]。

　「マッキャンエリクソンは，今日に不可欠なアプローチとなっているブランドコミュニケーションの実践の先駆けとして有名です。我々は，Truth Well Toldへの献身的な取り組みを通じて，マスマーケットから最先端のデジタルまであらゆる場所で，その真実を，いかにすばらしいクリエイティブワークで表現し，かついかに効果的に生活者に伝達していく戦略的ビジネス専門知識を広告に展開しています。」[2]

　一般的に広告会社が具体的に何をしているかというのはわかりにくいと思うが，基本的には数多くのクライアントのビジネス課題を広告などのコミュニケーションやクリエイティブ・デザインやアイディアの力を使って解決することを目的としている。例えば，新商品の発売にあたっての広告キャンペーンを顧客から依頼された場合にも，近年では，単なる広告に止まらず，CRM，デジタル，PR，イベントなどがシームレスに連携していることが問われる。そのために，前述のグループ会社の各プロフェッショナルが集まって一つのチームとして課題に取り組む必要が増している。さらにはそれを，国境を越えた海外市場でも同様に展開する必要があるケースが増えており，その際にはマッキャンエリクソンのグローバルなネットワークが効果を発揮することになる。

　会社に求められる領域が拡大しており，マッキャンエリクソンはグループ会社と連携し，海外オフィスとも連携することで，顧客の幅広いニーズに対応した価値を提供している。

3-4　価値の伝達（コミュニケーション戦略）

　マッキャンエリクソンのビジネスは主に広告主企業を対象としたB2Bビジネスであるため，一般消費者が見るような自社広告はほぼ露出していない。し

---

1) 日本の大手広告会社が提供しているサービスともほぼ同じ内容の提供価値である。
2) ホームページより抜粋　https://www.mccannwg.co.jp/expertise/mccann

たがって，マッキャンエリクソンがそのサービスや提供価値を伝達するのは広告関連の業界誌やマーケティング関連のメディアが主となっている。作成した広告事例の紹介や，社員による海外の事例解説，あるいは独自調査などの紹介を業界誌を通じて伝達している。

　また，広告業界には，様々なアワード（広告賞）があり，そのような場での受賞や，関連するプレスリリース，または広告祭におけるセミナー講演なども非常に大事なコミュニケーションの機会となっている。

　さらに，CSRとしては，「END ALS」の活動がある。「ALS」とは，筋萎縮性側索硬化症と呼ばれ，身体の感覚や知能，視力や聴力，内臓機能は健全のまま，手足，喉，舌などの身体中の筋肉や呼吸に必要な筋肉が徐々に衰えていく難病である。マッキャンエリクソンのプランニングディレクターの藤田正裕（ヒロ）が31歳を目前にしてALSと診断されたこともあり，本人が一般社団法人「END ALS」を立ち上げた。このような背景もあり，マッキャンエリクソンとしても広告コミュニケーションの力を活用して，様々な活動を通じてALS撲滅に尽力しており，その活動が社会的に注目されることも多い。身体の動かないヒロをデッサンのモデルとし，残酷な病ALSを暴こうとするStill Lifeのコミュニケーションは，日本で権威のあるACC Tokyo Creativity Awardsのフィルムでグランプリ，国際的に権威のあるカンヌライオンズヘルスのブロンズなど多数の賞を受賞している。

　https://www.youtube.com/user/TheENDALS

▶ **4 マッキャンエリクソンのコミュニティのつくり方・活かし方**

4-1　マッキャン・クライアントのコミュニティ

　マッキャンエリクソンでは，毎年グローバル規模で取り組む大きな生活者研

究を実施していて，それを「Truth Studies」と呼んでいる。例えば，テーマ
は若者であったり，お母さんであったり，ラグジュアリーであったり，歳をと
ることの意識であったり，グローバルブランドに関してであったり，多岐にわ
たっている。それをマッキャンのカバーしている主要国のメンバーが協力し
あって，取り組んでいる大掛かりな研究であり，定量調査を実施する際にも毎
回約25カ国にて20,000人規模の調査を実施している。

　これはマッキャンエリクソンがTruthという価値を大切にしていることの表
れでもあるし，世の中の生活者の意識や行動の大きな変化を捉え，それを顧客
企業と共有することで顧客のビジネスに貢献しようとしているのである。マッ
キャンエリクソンと顧客との間のコミュニティ型マーケティングとしては，こ
のTruth Studiesという研究を元にした，Truthセミナーがある。毎年マッキャ
ンエリクソンが1年以上かけて研究し，取りまとめたレポートを会場に顧客を
招待して共有するようなセミナーを実施している。

　そこでは，マッキャンエリクソンのTruth Studiesの研究レポートの発表の
他にも，専門家による基調講演や，パネルディスカッションなども実施される。
招待されるのは現在の顧客のみならず過去の顧客や見込み顧客も含まれる。コ
ロナ禍ではない平常時にはセミナー後に懇親会なども開催され，社交の時間も
用意されている。このようなセミナーを通じて，顧客は新しい知見を得て，自
らのビジネスに新しい考え方を取り入れられると好評価を得ており，多くの顧
客が忙しい中でも時間を割いて参加をしている。残念ながら，コロナ禍におい
ては物理的に多くの人が集まることは難しいので，2020年からはTruth
Streamと題してオンラインでのセミナーも実施することに挑戦している。特
に世界各国の生活者のコロナ禍における意識の調査は，日本の生活者が世界と
比べてどのように感じているのかを比較したもので，多くの顧客がオンライン
セミナーに参加していた。

　コロナ禍ではない平常時においては，マッキャンエリクソンの改修後の新オ
フィスにあるHUBスペースという場がこのようなコミュニティ型マーケティ
ングに貢献している（**写真10-2**）。

（出所）筆者撮影（2019年）

　100人以上を収容できる開放的なスペースは，普段はカフェのようなエリアであるが，このようなセミナーイベントにも活用されている。横にはキッチンカウンターも用意されており，簡単な軽食や飲み物を並べることでセミナー後の懇親会がシームレスに行えるような設計になっている。

　この場では，若者たちが中心となったマッキャンミレニアルズというグループ主催のイベントや，マッキャンのプランニングチームが中心となったスナック青一というイベントも実施されていて，物理的な場を有効活用したコミュニティ型マーケティングの好事例である。

4-2　マッキャン・ワールドグループ内のコミュニティ

　Truth Studiesを活用したコミュニティアプローチは，マッキャン・ワールドグループのグループ社内においても活用されている。Truth Studiesの研究内容は，対外的なセミナーで発表するのは前述のとおりだが，それとは別に，社内のグループ社員全体に対しても研究内容を発表している。会社紹介の箇所にも紹介したとおり，マッキャンワールドグループには，700名超ものグループ社員が所属しており，その従業員の担当している仕事は非常に多様化している。その中で，グループの共通の資産としてTruth Studiesがあり，この社内

共有会には多くの社員が参加している。

　また，Truth Studiesの研究・分析を進める日本のチームも，グループ社員から募集され，運営チームを結成している。この運営チームにもグループ内から多様な社員が集まり，一つのプロジェクトチームになっている。

　さらには，この運営チームは，グローバル本社のあるNYのチームや，APACリージョンの本拠地があるシンガポールのチームとも連携することで，Truth Studiesのグローバルでの社内コミュニティを形成している。そこにおいては，調査の進め方や，分析の視点の共有，発表資料の作成や，発表の仕方などについて，たくさんのディスカッションが行われている。

4-3　クライアント間のコミュニティ

　マッキャンエリクソンでは，クライアント間のナレッジの共有も促進するような場の提供も実施している。例えば，グローバルブランディングのような特定テーマにおいて，フォーラムを開催し，有識者とクライアント数社のパネルディスカッションを実施することもある。それを聞いていた別のクライアントから具体的な質問が上がるなど，非常に活発な情報交換が行われている。顧客

図表10-2　マッキャンエリクソンのコミュニティ型マーケティングの概念図（考察）

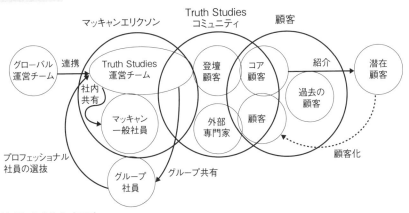

（出所）筆者作成（2021）

視点で言えば，他の業界であっても類似した問題意識を持っている顧客の取組み事例などは大いに参考になるとの声が上がった。

　マッキャンエリクソンのコミュニティ型マーケティングは，前述のように，クライアントとのコミュニティ，社内（グループ内）のコミュニティ，クライアント間のコミュニティと3つのコミュニティから，**図表10-2**のように展開していると考察される。

▶ 5 ｜ 戦略展開の評価

5-1　マーケティング環境へのフィット

　マッキャンエリクソンは，非常に自然な形で顧客と自社のWin-Winの状態を創出している。顧客側としては，最新の研究内容を知れることはプラスになるし，他の顧客の取組み事例などは非常に参考になる。その中で，マッキャンに対しても，戦略的な分析力や，提供価値についても理解を深め，更なる信頼感にも繋る。マッキャンエリクソンとしては，自分たちの分析力などのアピールにもなるし，顧客とのコミュニケーションを活性化するきっかけをつくれる。それを主目的にしているわけではないが，こういったコミュニティ的なやりとりの中から新しい仕事が生まれる可能性も少なくないのである。

　また，このようなコミュニティーマーケティングのアプローチは，自然な形でコミュニティを形成している。基本的には参加は社員の紹介などを通じてほぼオープンであり参加費も無料である。オープンな雰囲気の中で，純粋に情報共有がなされるところに，コミュニティへの参加欲求も促進される。オープンであるからこそ，その場でのセールスなどもなく，クライアント同士でも交流ができるような工夫がされている。参加者に対して，心理的にも経済的にも負担がなく，メリットが多く感じられるようなコミュニティであることが，成功している一つの要因だと考えられる。

5-2　戦略の独自性と模倣困難性

　戦略の独自性についてではあるが，一つは，グローバル性がある。前述のように毎年25カ国以上で2万人規模の調査を実施しているし，分析にも世界中のプロジェクトメンバーが関与している。日本の広告会社でもよく調査レポートは出しているが，これだけの規模で研究を実施している会社は少ない。また，定期性もある。基本的には毎年テーマを変えて実施しているため，顧客の方も今年はテーマが何か？　と気になってくる。また，逆にこのようなテーマでレポートをしてほしいとリクエストを送る場合だってある。

　さらに，スピードという要素も大事になってきている。NY本社でテーマを決めてから，構想し，調査を実施し，分析などをして結果を取りまとめるスピードはとても速い。前述の構想を決めてから分析を終えるまでに数ヶ月で済ませ，タイムリーな情報を顧客に提供できるようにしている。

▶ 6　実現要因の考察

6-1　ビジョンをベースに社内チームが牽引し，形成されたコミュニティ

　マッキャンエリクソンには，「ブランドが人々の生活の中で意味ある役割を果たすために貢献する」というミッションがある。特に「意味ある役割」（Meaningful Role）ということを社員は非常に重視して日々の業務に取り組んでいる。その中で，本件に関してはプランニング本部を中心としたメンバーが，自分たちの意味ある役割は何かと考えて，今回ご紹介したようなコミュニティー型のアプローチを積極的に推進している。こういったプロジェクトは短期間でビジネス成果が明確に出るものではないため，中心となるコアメンバーの高いモチベーションが担保されていないと成功しない。本件に関して言えば，

233

ミッションを核にして，それと共鳴する高い志を持つ社員たちにより顧客とのコミュニティが形成されている。

6-2　専門性の高いプロフェッショナルを的確に配置

　前述のとおり，マッキャンエリクソンを含むマッキャン・ワールドグループにはたくさんのグループ会社がある。その各社には高度の専門性を持ったプロフェッショナル人材が所属しており，それぞれの専門性を組み合わせることで，顧客に高いレベルの価値提供を実現することを可能にしている。Truth Studiesなどのコミュニティ戦略に関連しても，イベントの得意なモメンタムや，デジタルやCRMに強いMRM，メディアのUM，PRのウェーバー・シャンドイックのそれぞれからプロフェッショナルが選ばれ，マッキャンエリクソンのメンバーと協力しあって進行している。これはTruth Studiesだけに限らず，顧客から依頼を受けた様々な案件でも同じように連携をして取り組んでいる。

6-3　価値循環のプロセス

　価値循環の観点で実現要因を考察すると，そのプロセスは，何よりもはじめにマッキャンのミッションから始まる（**図表10-3**）。それは「ブランドが人々の生活の中で意味ある役割を果たすために貢献する」ということであり，全ての社員がそのことを念頭において業務を推進している。

　そのことにより，顧客に対しても「有用な情報を提供する」ということに取り組み，Truth Studiesの研究や分析などにつながっている。そのことが，顧客のビジネスに参考になり，その後，関連する仕事がマッキャンに対して発生する。マッキャンとしては，その依頼を受けた業務に対して様々なグループ会社からのプロフェッショナル人材を課題に合わせてチーム編成することで，顧客の課題解決に応えることで貢献をし，自社のミッションを実現するのである。このような，価値の循環がコミュニティをうまく形成し，運用することで回っているのである。

図表10－3　価値循環のプロセス・図解（考察）

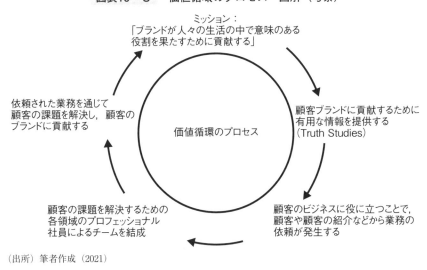

ミッション：
「ブランドが人々の生活の中で意味のある
役割を果たすために貢献する」

価値循環のプロセス

依頼された業務を通じて
顧客の課題を解決し，顧客の
ブランドに貢献する

顧客ブランドに貢献するために
有用な情報を提供する
（Truth Studies）

顧客の課題を解決するための
各領域のプロフェッショナル
社員によるチームを結成

顧客のビジネスに役に立つことで，
顧客や顧客の紹介などから業務の
依頼が発生する

（出所）筆者作成（2021）

▶ 7 ｜ 今後の戦略展開の可能性

　マッキャンエリクソンのコミュニティ型マーケティングは，現時点でも非常に成功していると言えるが，今後の戦略展開の可能性を少し考えてみると，以下のようなものが検討できるのではないか。

　一つ目は，オンラインを一層活用した顧客とのリレーションシップマーケティングである。コミュニティをより活性化していくためにも，すべての顧客の関心事項や興味テーマ領域を常時接続で把握し，より多くの顧客のニーズにあったナレッジを提供していくというスタイルである。基本的に広告会社は営業の担当者が顧客との関係性をつなげているものの，それをサポートする形でオンラインやデータマネジメントを活用することで，相互にとってより有効な関係性が構築できるのではないか。この辺りは2020年のコロナ禍においてオンラインセミナー形式で複数回に分けて実施していたTruth Streamに今後の発

展性のヒントがみられる。

　二つ目は，一般生活者へのナレッジの展開である。マッキャンエリクソンのような広告会社は基本的にはB2B企業ではあるが，企業の担当者も一人の生活者である。より多くの人たちに貴重な知見を共有することで，すぐにビジネスにはならなくても，より多くの人にマッキャンエリクソン及び，Truth Studiesなどの有効な知見があることを認知してもらうことができる。コミュニティをより大きなものにするために，対象を広げることも考えられよう。すでに，大学生向けに実施している「プランニングスクール」や，顧客ではなく一般生活者への知見共有の場である「スナック青一」などの活動にその可能性がみられている。

▶ 8　マッキャンエリクソンのコミュニティ型マーケティングからの学び

　マッキャンエリクソンのコミュニティ型マーケティングの事例を紹介してきたが，ここからの学びは以下の3つにまとめられる。

　一つ目は，取組みのすべてが企業としてのコアのミッションに基づいていることである。「意味のある役割を果たす」と言うことが企業のコアにあるので，取り組む社員たちも，それを受ける顧客も，取組みに対して素直に受け止めやすい。なぜこのような取組みをしているのかという根底のところに疑問がないところが，コミュニティ型マーケティング成功の核心のひとつなのではないか。

　二つ目は，オープンであることの価値である。基本的にはどのような顧客に対してもオープンに実施しており，また，オープンであるからこそクライアントとクライアントが事例をシェアし合い，多くの参加者による学び合いが起きるような仕組みになっている。このようなオープンマインドを持った場の設定というのは簡単ではないが，マッキャンエリクソンで言えば外資であるという会社の特徴をうまく活用することで実施できているのではないか。

　三つ目は，短期的な利益のためではなく，中長期的なWin-Winの関係を意識して創っていることである。コミュニティ型マーケティングのアプローチは，短期に何かしらの成果が出るものではないため，中長期的にお互いのためになるようなスキームがよく考えられて設計されている。特に顧客にとってのメリットが一番先にないと上手くいかないため，マッキャンエリクソンの事例ではそのあたりの設計がよくできている。

　デジタル化とグローバル化の影響もあり，広告業界は大きく変化している。特に，2019年にはインターネット広告費がテレビ広告費を超えて，今後も成長を続けていくことが予測されている。そういった中でもコミュニティ型マーケティングの重要性はますます高まっていくと考える。前述したコロナ禍の中で昨年から始まったウェビナースタイルなど，デジタルの活用も一層進むことと思われる。今後のマッキャンエリクソンのコミュニティ戦略についても注目していきたい。

●参考文献
マッキャンエリクソン 戦略プランニング本部OLオデッセイチーム（2009）『OLの私的消費（McCANN ERICKSON INSIGHT SERIES）』翔泳社
大沼 利広（2009）『オトコの仮面消費（McCANN ERICKSON INSIGHT SERIES）』翔泳社
藤田 正裕（2013）『99％ありがとう〜ALSにも奪えないもの』ポプラ社

結 章

青山企業に学ぶコミュニティ型マーケティングの総括

▶ 1 コミュニティ型マーケティングという考え方

　新しいマーケティングの考え方として，本書では「コミュニティ型マーケティング」というフレームワークを示した。それは，企業から市場（消費者）

図表序－3再掲　新しいマーケティングの捉え方としての「コミュニティ型マーケティング」の考え方とその全体像

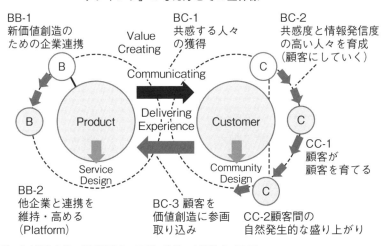

BB-1
新価値創造の
ための企業連携

Value
Creating

BC-1
共感する人々
の獲得

BC-2
共感度と情報発信度
の高い人々を育成
（顧客にしていく）

Communicating

B

C

Delivering
Experience

B

Product

Customer

C

CC-1
顧客が
顧客を育てる

Service
Design

Community
Design

C

BB-2
他企業と連携を
維持・高める
（Platform）

BC-3 顧客を
価値創造に参画
取り込み

CC-2顧客間の
自然発生的な盛り上がり

（出所）青山学院大学　宮副研究室―宮副・竹雄・水野作成（2019）

への働き掛けとして，価値の創造・伝達・提供というプロセスは，従来の基本的なマーケティング理論のとおりであるが，顧客起点で企業が顧客に提供する価値を構想し創造するとともに，消費者に確実に価値を伝達し，その価値に共鳴する消費者とコミュニティを形成する。そしてそこから商機を生み出し，価値の提供によって顧客の満足を実現するプロセスとする考え方である（**図表序－3再掲**）。

1-1 コミュニティ型マーケティングにおける価値の創造・伝達・提供（序章のおさらい）

■価値の創造－創造する価値を狭義の製品（モノ）に限らず，その使い方楽しみ方などの情報・ソフトやアフターフォローなどサービスも含め企業が提供する価値としてデザインする（サービスデザイン）。

■価値の伝達－消費者に向け，その価値をネットやアプリなどのデジタルな手段，あるいは店舗売場やイベントなどリアルな手段を通じて伝達し，共感する人々の支持を得るようにする（BC-1）。そこから共感度と情報発信度の高い人々をさらに育成し，彼らの自発的な価値伝達を含め，それに共感する人々を増やす（BC-2）。このように企業と常に関係を持つことができる人々をコミュニティと呼び，そのコミュニティをどのように形成するかを考える（コミュニティ・デザイン）。

■価値の提供－消費者との常時接続を前提に，消費者の関心・理解・購買への意欲へと進む商機を的確に捉え，デジタル（ネット）あるいはリアル（店舗）など消費者にとって最適な手段と場で価値を確実に提供する。さらに顧客のその価値の満足を高めるために顧客をアフターフォローし，彼らのリアクションや評価に耳を傾ける。

■更なる価値の創造－企業が提供した価値についての顧客の評価（あるいは顧

客の観点での新たな価値の発見）を企業が見聞きし，それを次なる価値創造に取り入れる（BC-3）。また，価値の創造について，企業内だけでなく異業種を含め他社との連携により（1社ではできない）一層の創造的な価値を生み出すことも顧客視点でも企業競争戦略からも重要となる（BB-1）。その連携関係が継続し，価値創造の共同活動に発展する場合もある（BB-2）。

■企業が意図しない顧客間関係−顧客コミュニティの中で，顧客相互の関係が自発的に生まれ，顧客間の会話を通じて，顧客が顧客を育てる関係（CC-1）や，顧客間交流が自然発生的に盛り上がる場合（CC-2）がある。そこで生まれる企業が想定しないような価値が発見されることも多く，次の商品企画や活動改善につなげていくことが理想と考える（**図表序−4再掲**）。

図表序−4再掲　「コミュニティ型マーケティング」における顧客との関係−獲得・育成・維持のアプローチ

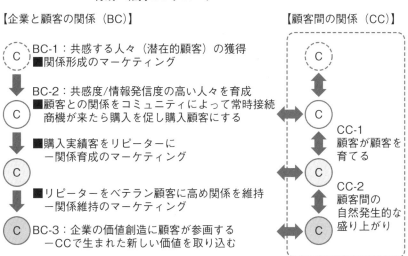

（出所）宮副謙司作成（2021）

1-2 コミュニティ型マーケティング：このフレームワークの意義の再確認

　このフレームワークの考え方をおさらいして再確認できることは，マーケティングにおける顧客の役割が従来のマーケティング学説よりも大きく広いということである[1]。

　本書「はじめに」で述べたように，マーケティングとは，価値の作り手（一般には企業の場合が多い）と価値の受け手（顧客）の関係と捉えられてきた。しかし，この新しいコミュニティ型マーケティングでは，顧客は価値の受け手であるに留まらず，作り手の価値創造にも貢献する。すなわち，顧客が価値に共感し自発的に評判を周囲に拡散することで「顧客が顧客を育てる」ことにもなり，顧客のリアクションが企業側に遡上して影響を与え，結果として顧客自身が享受する価値が高まるという相互関係性がある。まさに，顧客の主体的活動が，マーケティングの主要要素としてプロセスに組み込まれたフレームワークなのである。

1-3 本書第1章から第10章まで10社の事例分析を踏まえて

　青山企業のマーケティング活動を「コミュニティ型マーケティング」適用の観点でみると，各社の取組みが，どれもこのフレームワークで説明できた。そして，さらにそれを補強するような新たな数々の気づきを見出すことができた。

　この章では，青山企業各社が展開するコミュニティ型マーケティングについて各社を比較しながら総括するとともに，事例研究からの新たな気づきを加え，このフレームワークの説明力を補充していく[2]。

---

1)　この指摘は，小職の東京大学経済学部でコミュニティ型マーケティングに関する授業を行った際に受講学生がリアクションペーパーとして記述した一節を参考にしたものである。

2)　本書の当該企業の事例研究の記述について，企業概要や展開の現状に関しては，一般に入手可能な公開情報に基づき記述している。本書にありうべき誤りは筆者に帰するものである。取組みの評価や今後の展開に関しては，筆者の考察に基づくものであ

▶ 2 | 青山企業各社のコミュニティ型マーケティングを総括して

　青山企業の事例研究を通じて，コミュニティ型マーケティングの特徴とその論点が，以下のように7項目あげられる。

2-1　コミュニティ形成の特徴

　本書では，顧客コミュニティづくりの特徴から，「商品ブランド型」「ライフスタイル型」「プロフェッショナル型」「B2B型」といった4タイプに分けたが，その区分の中で，各社の具体的な取組みから，次のような気づきが得られた。

(1)　商品ブランド型コミュニティ

　このコミュニティタイプは，その創造する商品の強いブランド性に共感する顧客層からコミュニティが形成されている。それを支持し信奉する強いファン層からなるコミュニティ基盤を持ち，長年の顧客関係を維持しているということである。

　実際，事例としてみた「コム デ ギャルソン」「ヨックモック」ともに，既存の強いコミュニティを維持し，育成する活動が確実に見られたが，さらに新しいマーケティング・コミュニケーションも試みて，新しい顧客（若年層）を獲得する取組みも積極的だとわかった。

　例えば，「コム デ ギャルソン」では，複数のブランド編成の中で，若い顧客層や入門者にも手にとりやすい雑貨ブランドや，赤いハートをアイコンにした商品（PLAYコム デ ギャルソン）の開発，入門者にわかりやすい商品を編

り，当該企業の見解ではない。また本章における総括は，執筆メンバーの数度にわたるオンラインミーティングで各社事例のシェアと共通点・特徴点のディスカッションを経て導出されたものである。

写真11－1　「コム デ ギャルソン」小型コーナーでの出店「POCKET」

（出所）宮副謙司撮影（2021年２月）

写真11－2　ヨックモック「ヨックモックフェスタ」（2021年２月東急プラザ渋谷）

（写真出所）シブヤ経済新聞2021年２月21日付け記事

集した小型コーナー拠点「POCKET」づくりによって，ブランドに関わりやすくして潜在顧客を取り込んでいる（**写真11－1**）。

　また「ヨックモック」は，菓子パッケージを思い出が残る「缶」にし，定番商品でファンとの関係を維持しつつ，家庭内生活歳時記ごとに商品詰め合わせ

を変え，顧客の子・孫へと世代を繋げるマーケティングも巧みだ。その上で，近年はスマートフォンアプリなどデジタルツールを導入したコミュニケーションを活発化させ，これまでの主要チャネルあった百貨店に依存しない，若者向けの新たな商業施設で人目を惹くイベントプロモーションを展開し新たな客層の価値伝達を強化している（**写真11−2**）。

(2)　ライフスタイル型コミュニティ

　青山企業では，1980年代から青山で生活提案してきた「ナチュラルハウス」，「アクタス」と，近年開業した「ニュートラルワークス」がライフスタイル型コミュニティの事例である。

　「ナチュラルハウス」では，長年，オーガニック・エコロジーに配慮したライフスタイルを提案し続け顧客も増えているが，それでも現在もライフスタイル初心者向けの発信を地道に継続している。つまり「ナチュラルハウス」は，有機栽培の食材を扱う売場に“オーガニックとは何か”から始まり，その生活スタイルの効用を啓蒙する店内情報発信（立看板）を顧客導線に沿って次々と配置している。この段階は顧客に「気づかせる」「関心を持たせる」マーケティング施策での関係の形成とみることができる。

　「アクタス」は，北欧テイストの高感度なインテリアMDを長年継続的に展開し，顧客の一定のコーディネートでの家具の買い増しニーズを満たし，顧客の育成と維持をしてきた。さらに古家具下取り「エコループ」に加え，近年では「TECTA」「porada」「eilersen」など同社の代表的なブランドに関しては，品質保証販売「アクタス・トレードイン」も開始した。

　若いブランドである「ニュートラルワークス」（NW）は，コミュニティ内で時間をかけてこのライフスタイルの熟達者の育成も進展すると思われ，スポーツ領域で，その基本でニュートラルなMDがゆえに，本格的なアスリート（プロ選手を含む）から，ライフスタイルとしてトレーニングやコンディショニングを行う人（その潜在的顧客）まで幅広い顧客層を一気に集めコミュニティを形成できている。今後，その顧客間コミュニティ（CC）が，企業が意

図しない形でどのように進むのか楽しみである。

　これらの事例のように，ライフスタイル型コミュニティにおいては，①長年かけてそのライフスタイルが浸透・定着まで育成されて熟達まで充実されるマーケティング活動がある一方，②熟達者の需要を一気に取り込め，基本・入門者から熟達者まで幅広いレンジで対応して需要を吸収するマーケティング活動も並行して存在するということが明らかになった。

　今後は，このような２つのアプローチの同時展開の可能性を踏まえたマーケティングの戦略設計が重要である。

(3)　プロフェショナル型コミュニティ

　このタイプの企業では，サービスマーケティング論にあるように，「価値提供者」のプロフェッショナル性，すなわち，「情報の非対称性」「技術の非対称性」が重要な要素であろう。消費者はそこに信頼しコミュニティを形成すると解せられる。しかし，近年のICTの高度化・利用の浸透に伴い，消費者の情報収集度が高まり「情報の非対称性」は薄れていくとともに，「技術の非対称性」についてもICT化・導入により，消費者の技術のプロフェッショナル化がみられる。

　そのような状況を踏まえれば，プロフェッショナル型コミュニティを特徴としてきた企業は新たな代替案として，①創造する価値の専門性を一層高める対応，②エンタテイメントでの他の付加価値を高める対応，③顧客の個別ニーズにパーソナルに対応することがあげられる。

　例えば，「ほぼ日」の事例では，クリエイターは，ほぼ日コミュニティに加わり相互に交流する中でそのクリエイティビティや技法を高めている（①のアプローチ事例にあてはまる）。また「東京ヤクルトスワローズ」は，ドームでないオープンエアな球場での野球観戦を屋外レジャー化・都心レジャー化し，新しい価値に仕立てられる可能性がある（②のアプローチ事例となる）。

　また「エイベックス」のように顧客の使う媒体や端末に合わせたコンテンツ

配信によって個別ニーズに応える「パーソナル化」を高める戦略も③のアプローチ事例として，理にかなったことと評価される。今後「東京ヤクルトスワローズ」も試合や選手情報などのコンテンツを「エイベックス」などと連携してデジタル化し，フジテレビなどと組んで価値の伝達をパーソナル化することも可能（いわゆる「スポーツDX」化）となり，活性化の活路が新しく見出せるのではないかと思われる。

(4)　B2B型コミュニティ

　B2Bマーケティングでは，価値の作り手が企業側複数社員（組織的な営業）であり，価値の受け手（顧客），も企業の複数メンバーであることが基本とされている。そうであれば，B2B型コミュニティのマーケティングも，価値の作り手：企業側メンバーのコミュニティと価値の受け手：顧客企業の複数メンバーのコミュニティの関係，まさに「コミュニティtoコミュニティ」の関係とみることができる。

　価値の伝達・提供では，組織的な営業が基本なら，組織メンバーの顧客への価値伝達・提供の能力を極力組織一段となって高めることが重要となる。それが顧客満足の面でも，競合他社への対抗・競争戦略上からも求められるということになる。

　青山企業の事例では，「きらぼし銀行」は，「知財による企業評価」「経営デザインシート」という独自のノウハウで銀行メンバーの顧客企業分析・コンサルティング能力を高めるとともに，顧客企業にとってもわかりやすく社内調整しやすくすることを実現しており，「コミュニティtoコミュニティ」のマーケティング体制を整備しており，戦略の基本にかなった取組みと言えるだろう。

　また「マッキャンエリクソン」では，社員とクライアントを集めた「Truth Studies」というセミナー（ミーティング）を定期的に行っている。そこで社員のクリエイティビティ（価値の創造能力）も一層高めるとともに，企業内での情報共有化で組織としての価値の顧客企業への伝達・提供能力を高め，実務でのプロジェクトメンバー間での共同業務をスムーズに行えることにもつな

がっているとみられる。

2-2　コミュニティ型マーケティングにおける価値の創造

　コミュニティ型マーケティングにおいて，企業が価値を顧客に働きかけ，それが理解され共感を呼ぶためには，コミュニティのコアとして何を据えればいいだろうか？　何が共感を呼ぶ根源なのだろうか？

　各社の事例を見てみると，①コア－作り手のビジョン（理念）・価値観，②創造されるモノの独自性，③付随機能としての顧客利便性が見出された。

(1)　作り手のビジョン（理念）・価値観

　コミュニティのコアは，その活動のビジョン（理念）であり，その主宰（リーダー）の価値観ということある。例えば，「ほぼ日」糸井重里，「コム デ ギャルソン」川久保玲のカリスマ型リーダーが主宰でコアに存在する。その人物の新しい発想力・デザイン力に留まらず，その創造的な（イノベーティブな）生き方・姿勢に共感する人々が価値創造側のコミュニティ・メンバーになり，そこで創造された価値に共感する人々が価値受領側のコミュニティ・メンバーになっている。

　ただ，このようなカリスマ型リーダーの牽引も年月を経て変化する。ほぼ日やコムデギャルソン，それぞれの事例で，価値創造側のコミュニティ・メンバーのデザイナーやクリエイターがビジョン・価値観を共有しつつ彼ら独自の価値創造力を身に着け，次代の価値の作り手として（コミュニティを引っ張る次のリーダーとして）本格人物に育っていくことも発見された。例えば，「コム デ ギャルソン」で「川久保玲チルドレン」と呼ばれるようなデザイナーたちがまさにそれにあたる。

　また，企業の明確な経営理念（ミッション・ビジョン）や事業パーパスの表明とその推進は，その共感者を生み事業連携（BBの関係），それによる事業拡大，業容変化へ発展するケースも多い。例えば，「アクタス」や「ニュートラルワークス」（ゴールドウイン）などがその事例である。

(2) 創造されるモノの独自性

　企業が製造し提供するモノの部分である。ここでの価値は，①差別的な独自技術（他社にとってはコラボ連携：BBの関係への魅力となる），②価値創造の背景・ストーリーや創造プロセスと捉えることができる。

　例えば，ゴールドウインの創業期以来の消臭繊維開発技術は，近年，「MXP」ブランドとして商品開発に生かされ，「ニュートラルワークス」のMDとして展開されている。その技術に着目する他企業との連携関係のケースも複数に生み出しているという。

(3) 付随機能としての顧客利便性

　商品編集により1箇所で顧客に価値を伝達・提供されるワンストップ性など顧客に利便性の価値を与える（顧客が利便を感じる）ケースがある。例えば，「ニュートラルワークス」はこのケースに当てはまる。製品戦略の3層の捉え方でみれば，一定のテーマ，領域，感性で商品を選び，サービスも含め編集されているところが顧客に価値として評価される。

　コミュニティ型マーケティングでは，狭義の製品概念としての「モノ」（「プロダクト」概念）ではなく，製品の付随機能（顧客が使うシーン「コト」を含む（「サービス」概念）と考えるが，そうした顧客への価値をどのように設計するか，言い換えれば，どのように「サービスデザイン」するかは，青山企業の事例研究を経て，**図表11－1**のように明らかになった。すなわち，起業家（事業を起こし事業に取り組む人）が，その理念や価値観を，事業の企画（コンセプトや機能）に反映し，製造人材の知識・技術を生かし，場でモノを製造するとともに，そのモノづくり情報やモノ使い情報などソフトを統合して，企業としての価値を創りあげる。このプロセスが，価値の創造であり，「サービスデザイン」ということである。「サービスデザイン」が，このように具体的な取組み要素で明らかになったことが本書の研究の重要な成果のひとつである。

　また**図表11－1**で示されるように，コミュニティ型マーケティングにおける価値の創造には，「人材」と「場」が重要な要素であることも改めて認識さ

図表11－1　コミュニティ型マーケティングにおける価値の創造の考え方

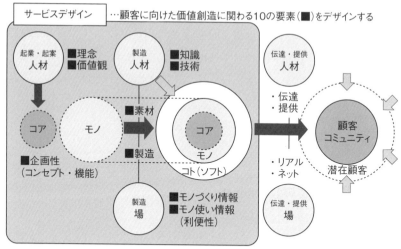

（出所）宮副謙司作成（2021）

写真11－3　価値創造に関わる要素のイメージ―コーヒー企業を題材にした場合

（出所）キーコーヒーウェブサイト画像をもとに宮副がコラージュを作成（2021）
https://www.keycoffee.co.jp/story/process及びhttps://shallwedrip.com/interview/dripon/
interview_3.html

れるのである。

　例えば，価値創造に関わる要素について，その具体例をコーヒー製造・販売企業を例に考えたものが**写真11－3**であり，その内容がイメージされるのではないだろうか。

2-3　価値の伝達の方法

　価値を顧客に理解させる，共感を呼ぶためには，どのように伝達（発信）すればいいのか？

　青山企業の事例では，前述のようなコミュニティ形成のコアである，「価値観・ビジョン」や「製品価値」を確実に消費者に伝達する具体的な施策を見出すことができる。

(1)　コミュニティとしてのビジョンやリーダーの価値観の共有化

　「コム デ ギャルソン」では川久保玲のクリエイションの価値観をファッションショーに留まらない形のプロモーション・コミュニケーションで行っている。すなわち，写真家，建築家など共感するアーティストに価値伝達を担ってもらい，そのアーティストの共感者も，コムデの共感者に巻き込んでいくコミュニティ広がりの構図がみられる。

　「ほぼ日」でも新聞（ウェブ），メール，SNSなどデジタルなコミュニケーションツールから，生活の楽しみ展などの屋外イベントやショップなど様々な形態で積極的な価値の伝達がなされている。

(2)　製品・サービス－創造された価値の共有

　製品の機能・特性の伝達－価値創造の背景・ストーリーや創造プロセスを，①丁寧に解説・伝達されて「知識から」共感を得る場合や，②活動参画し使用体験して「体感から」共感を得る場合がある。

　例えば，「ナチュラルハウス」は，オーガニックライフスタイルの初心者に向けて，オーガニックに関する情報を掲載する立看板を用いて顧客導線に沿っ

て配置している。さらに有機栽培農家ツアーなど生産者と消費者が接する機会を設け，その生産の実際を知らせ，自分事化を促している。

(3) 顧客の体験（エクスペリエンス）による価値の共有化

　価値を顧客に確実に伝え，浸透させるのに「体験（エクスペリエンス）」が重要と言われるが，それは単にイベント，プロモーションを開催することを意味しない。むしろ**図表11－1**で示した創造される価値の10の要素のどれかを，確実に顧客に体感してもらう活動であると捉えたい。これまでのマーケティング関連書籍では，「顧客体験」の重要性は唱えられても，どのような体験かは漫然とした説明が多かったが，今回の青山企業の実際の展開事例を通じ，それが具体的に明らかとなった（**図表11－2**）。

　すなわち，体験とは，①顧客が実際に接して，触れて体感すること（試着・試飲・試用など），②タレントやインフルエンサーなど信頼できる人物による視察や試用を自分も追体験すること，③自分のために（自分のニーズに個別に対応するように）価値が設定されていることに共感し，価値を理解することと捉えられる。顧客は，体験を通じてその企業，商品・サービスなどの価値を実感し評価し，顧客に購買・利用が広がっていくのである[3]。

(4) コミュニティ・メンバー間のICTプロトコルの共通利用

　コミュニティ・メンバー間のコミュニケーションのインフラは重要である。形式的にもFacebookなどSNS，スマートフォン利用のアプリがコミュニティ・メンバーに配布・共有化され，顧客（関心・共感を持ち始めた非購入顧客＝潜在顧客を含む）との常時接続の関係を構築する。そして，それを前提に，その交流と一体感は強くなる流れがみられる。

　企業と顧客コミュニティが常時接続の関係にあることは，①１回きりのコミュニケーション（PR）でなく，何回も繰り返して価値伝達の情報に接する

---

　3)　共感から発展して評価に至ると評価については，「NPS」（Net Promoter Score：ネットプロモータースコア　推奨者−批判者のスコア）などで指標化できる。

図表11－2　コミュニティ型マーケティングにおける価値の伝達・提供の考え方

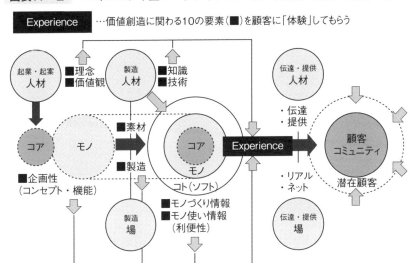

(出所) 宮副謙司作成 (2021)

ことができる，②顧客個々人の個別の関心領域・深度に応じて情報検索・接触を深めることができるのである。

2-4　コミュニティにおける商機の誘導

　企業と顧客との常時接続関係を前提として，コトラーの「マーケティング4.0」にいうコミュニケーションプロセスに沿って営業アプローチを進め，商機を的確に発見し，そのタイミングで顧客に最適な提供手法（販売形態）で価値の提供（営業・販売）を行うことになる。

　コトラー「マーケティング4.0」にいう消費者の認知から購買決定までの購買意識・反応プロセス「5A」は，認知（知ってもらう）・訴求（関心好感を持ってもらう）・探索（深く知り確信をもってもらう）・行動（買ってもらう）・推奨（他者にシェアし勧めてもらう）という5段階のプロセスを考えることである。このプロセスに則して商機を誘導する原則に変わりはないと考える。

ただ，コミュニティ型マーケティングにおいては，コミュニティの特性として顧客の友人・知人やコミュニティの先行者・熟達者からの推薦情報が，潜在顧客や一般顧客の購買への強い後押しになることから，そうした価値伝達する情報を顧客の特性やニーズに合わせてピックアップし伝達する企業のアプローチの仕組みも重要となるだろう。

2-5　コミュニティ関係維持―企業とメンバーのつながりの程度

コミュニティの結束・つながりは強いのか，緩いのか？　これについて，今回の青山企業の事例でみた場合，コミュニティに出入りしやすい，概して「緩いつながり」の関係が多いようだ。

例えば，「東京ヤクルトスワローズ」では，スワローズが提供する顧客価値の中核は，「野球コンテンツ」であり，その「観戦体験」であるが，球場に足を運ぶ顧客が期待する体験価値は細分化され「応援（応援グッズ」「飲食サービスの利用やイベントへの参加」によっても充足されている。さらに言えば，選手のパフォーマンスや勝敗にこだわるコアなファンたちの「きついコミュニティ」ではなく，仕事帰りのサラリーマンや大学生のグループなど様々な動機や経緯で来場した顧客たちが，ある意味「パブリック」環境で，メンバーがスワローズという共通の話題を通じて会話を楽しみ，居心地のいい時間を過ごしているケースも見られる。スワローズと顧客の関係は「緩いコミュニティ」とみることができる（**図表11－3**）[4]。

「ニュートラルワークス」の専門スタッフは，来店客に購入を強要しない。商品の価値や着方・使い方を顧客の立場で説明してくれるといった「ホスピタリティ」が顧客を心地よくし，そのブランドに共感を生み出すようだ。そのよ

---

[4]　ネットワーク理論では，「弱いつながりの強み」（strength of week ties）という概念がある。個人は組織内に弱いつながりを広く持つほうが多くの情報を入手でき，広く浅い人間関係こそが，社会的な成功に重要であるという捉え方である（Granovetter，1973/中野，2021）。

図表11-3　コミュニティ型マーケティングの関係マネジメント

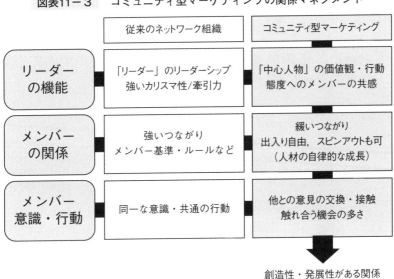

	従来のネットワーク組織	コミュニティ型マーケティング
リーダーの機能	「リーダー」のリーダーシップ 強いカリスマ性/牽引力	「中心人物」の価値観・行動 態度へのメンバーの共感
メンバーの関係	強いつながり メンバー基準・ルールなど	緩いつながり 出入り自由，スピンアウトも可 （人材の自律的な成長）
メンバー意識・行動	同一な意識・共通の行動	他との意見の交換・接触 触れ合う機会の多さ

創造性・発展性がある関係

（出所）宮副謙司作成（2021）

うな体験がニュートラルワークスならでは「顧客体験」で，メンバーとつながりを生み，関係を継続する要因と捉えられる。

2-6 顧客のリアクション（CC）から次なる価値を見出し引き出す組織能力

「ニュートラルワークス」では，従来のスポーツ店のように種目別の売場構成でなくコンディショニング領域でのMDであることから，様々な種目を行う顧客が来店し，商品の使い勝手などを会話するという。そのような顧客との交流の中から企業側が想定しないような顧客視点での商品価値が発見されることが多い。顧客との交流の中で顧客の言葉に聞き耳を立て，次の企業活動に繋げることを組織として重要視する風土が重要である。

「アクタス」は，店頭での顧客の反応に気づき，社内で活かすようにするために，社員の要員配置は，店頭での価値の伝達・提供を自社社員が担当するよ

うにし，価値の創造（デザイン・制作）は外部人材を多く活用する人事体制にしている。このような組織的な対応が実際に行われている。

2-7　新たな価値創造に向けて他企業とのコラボ連携（BB）を生み出し続ける組織能力

「エイベックス」は，NTTドコモとは着メロや着うたサービス等で，サイバーエージェントとはアーティストのブログ等で取引関係にあり，コンテンツを制作する側とそれを伝えるインフラ・メディアとしてバリューチェーンでつながっていた。この通常取引の中で実績を積んでいくことによって，お互いの実力を認め「信頼」を築き，お互いをパートナー企業として認め，アライアンスを組むことに至った。新規事業分野でこのようなコラボ連携の実績を重ねているが，重要なことはお互いの「信頼」「敬意」が関係基盤になっているということである。そしてエイベックスは，音楽アーティストに始まり，アニメキャラクター，アスリートなどまでそのマネジメントビジネスを拡大して，企業連携プラットフォームを形成した。今後，他のプロフェッショナル人材をその手法で活性化させる可能性を持つということでもある。

「ほぼ日」は，価値創出者間コミュニティ（B with CR コミュニティ）を自ら形成している。クリエイターやパートナ（CR）は個々で「価値創出」を行っており，ほぼ日（B）は，それら（複数）とクラスターのようなつながりを持つ関係を形成することで価値の創造へとつなげている。

▶ 3 ┃ コミュニティ型マーケティングに関する新たな発見

　今回の青山企業のコミュニティ型マーケティングの事例研究を通じて，次の5項目を新たに見出すことができた（当初の仮説では想定していなかったことを明らかにできた）。

3-1　複数の対象へ向けたマーケティング・アプローチを並行して実行できる

　従来型のSTPマーケティングでは，ターゲットを1つに絞ってマーケティング・ミックスなどを構想する戦略策定であったが，コミュニティ型マーケティングの考え方では，対象を潜在顧客（**図表11-4**：ターゲット細分(1)）と既存実績顧客（ターゲット細分(2)）の複数のコミュニティを対象にマーケティングを展開できる。すなわち，「関係形成」のための広めるマーケティングと「関係育成・維持」のための深めるマーケティングが併存することであり，その視点でのマーケティング・アプローチを戦略設計することになる。

■潜在顧客をターゲットとした関係形成のマーケティング（「コミュニティ顧客化へのマーケティング」―創造した価値をうまく伝達・提供する）：具体的には，新規顧客獲得のためのお試し実体験などのコミュニケーション戦略があげられる。

■実績顧客をターゲットとした関係育成のマーケティング（価値の理解を深め，購入回数の増加や単価アップを図る）と，よりコミュニティ熟達顧客に向けた関係維持のマーケティングとして，コミュニティにいる意義やロイヤリティを高めるために顧客個別パーソナル対応や長年の関係がなくては提供されないプレミアムな対応が求められる。その結果，顧客の購入商品領域の複数化や拡大，他の顧客への紹介数の増加が達成される（**図表11-4**）。

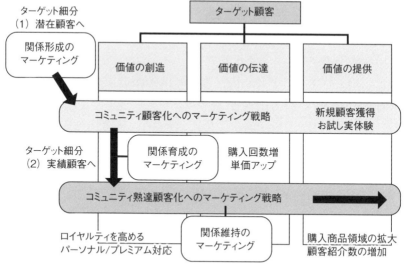

図表11-4　コミュニティデザインーコミュニティにおける複数セグメントへの
マーケティング展開

（出所）宮副謙司作成（2020）

3-2　B2CマーケティングがB2Bマーケティングに近づく

　コミュニティ型マーケティングの考え方では，この企業やその価値に共感する潜在的顧客から既存継続顧客まで継続的に関係を持ち「識別」できる顧客基盤が構築できる。B2C企業も顧客基盤ができたら，そのあと顧客の反応から商機（リード）をうまくキャッチして営業アプローチするが，これは，B2Bの営業の活動に近いといえる。従来B2Cマーケティングは，不特定多数が対象であったが，デジタル化＋コミュニティ形成により，特定多数を対象とするビジネスになったといえるのではないか。

　一方，B2Bマーケティングは，企業間競争の激化からも顧客企業の個別ソリューションにできるだけ対応しようとしてB2C同様のサービスデザインが求められてきている。

　実際に，「アクタス」では，B2CとB2Bという2つの営業システムが併存

している。アクタスの創造する価値が個性明確なインテリアMDであるからこそ，一般個人の顧客コミュニティ（B2C）にも業務用の企業・団体顧客コミュニティ（B2B）にも同じように共感されている。また，価値の伝達及び提供するインテリアの専門人材がその感性や専門性からその双方に営業アプローチができているということである。

3-3　ライフスタイル型コミュニティの価値提供の担い手で進むプロフェッショナル人材化

　本研究では，ライフスタイル型コミュニティとプロフェッショナル型コミュニティを分けて分析を開始したが，事例研究を経て発見されるのは，ライフスタイル型コミュニティ企業のサービスが，高い専門性をもつプロフェッショナル人材によって提供されていて，例えば，アクタスの専門人材「ホームコンシェルジュ」，ナチュラルハウスの「店長」，ニュートラルワークスの専門スタッフなどその人材のプロフェッショナル度がますます高まっていることである。まさに顧客は企業ブランド性で選択するのか，サービス提供人材のプロフェッショナル度やなじみ度で選択するかといったテーマにも至っている。

3-4　価値を創造する人材の重要性

　また，コミュニティ型マーケティングにおいては，価値の創造の段階での担い手人材の重要性も再認識された。①コミュニティにおける顧客の行動，発言，データを常時しっかり読み，新たな気づきをできる人材，②顧客のための価値創造のために様々な企業や人材と連携し，コーディネートして価値を生み出す高い調整・推進能力が求められるということである。

　「きらぼし銀行」では，社員は，地域のコミュティに参画し，地域ならではの市場の変化や顧客ニーズ，商機を発見できること，「ナチュラルハウス」の店長や「ニュートラルワークス」の専門スタッフは，データを見るだけでなく，顧客と会話して顧客の声を引き出すインタビュー能力が重要とされている。

　そのような人材が，コミュニティ活動（コト）も次々と企画できる，顧客の

コミュニティへの支持を継続させる力にもなるということだろう。

3-5　インターナル・ブランディングによるコミュニティの形成と運営力の強化

　コミュニティ型マーケティングにおいては，インターナル・ブランディングも重要である。その企業の経営理念・価値観や事業パーパスから現場での顧客対応事例までを，企業内社員間での（さらに言えば協働で価値を創造する関係先メンバーも含め）コミュニケーションによって共有化することが，コミュニティの形成と活性化の上で重要であり，そのための仕掛けや活動を各社が展開していることも明らかになった。

　例えば，「きらぼし銀行」の経営デザインシートを活用した教育や，「マッキャンエリクソン」の「Truth Studies」などB２B企業は企業の仕組み・制度として確立している。また，「ニュートラルワークス」は専門スタッフが自主的に相互の情報交換を進めメンバー個々人の顧客とのコミュニティ形成・運営能力を高めている。

▶ 4　コミュニティ型マーケティングの発展

　コミュニティ型マーケティングは，テーマ・手法によって運用が一層広がる可能性を持っている。

4-1　コミュニケーション手段の発展：SNSの多様化・充実によってさらに活発化するコミュニティ形成と交流

　ICT/デジタル機器や通信技術の進化，多様なSNS手段が次々と生まれ，コミュニティを形成し，交流しやすい環境は着々と広がっている（2021年も「Clubhouse（クラブハウス）」といった手段も生まれ話題となった）。2020年のコロナ禍を経験した社会はリアルでは遠隔でつながれない人々とも，オンラ

イン会議システムなどデジタル技術の利用で地域を越え時間を越えてつながることができる時代となった。コミュニティ型マーケティングでいう関係の形成・育成・維持がまさに起こしやすくなる加速されるマーケティング環境への社会が動いているのを実感する。

　顧客間コミュニティ（CC）もこのようなデジタル技術で会話・交流が活性化し，そこから，企業が思いもかけないような新たな価値創造が生み出されるかもしれない。その意味でもコミュニティ型マーケティングの機能が今後楽しみである。

4-2　テーマ・パーパスの発展：SDGsなど社会的活動の企画と実践への適用

　2020年代に入り企業のマーケティングは，SDGsなど社会にかかわるテーマの企業活動を企画し実行しなければならないなど社会性を増している。また地域行政も地域活性化の総合計画策定と推進が要請され，その根幹に住民の地域，社会，環境へのシチズンシップの醸成とそこからの活動が期待されるようになっている。

　そこでは，提案・啓蒙・伝達・伝播・浸透・定着・広がりといった流れで活動が設計され実行されるが，それは，まさにコミュニティ型マーケティングのフレームワークが適用できる。コミュニティ型マーケティングが，地域活性化，民藝，SDGsなど社会性のあるテーマのマーケティングに適用され，共感するコミュニティを形成し，その活動が普及し有効に推進されるのではないか。コミュニティ型マーケティングの発展に期待したい。

4-3　価値の伝達と提供の発展：伝達は「教育」に，提供は「協働」に

　企業から顧客への価値の伝達は，それが専門性を高め，継続的にストーリー体系を持って行われることで，「教育」に発展していくと考えられる（**図表11－5**）。また，企業から顧客への価値の提供は，従来のような一方的な流れで

なく，顧客からの依頼・委託・注文（オーダー）が増え，相互の活動，いわば「協働」と捉えることができるようになる。

　例えば，「ナチュラルハウス」の農作物生産者と消費者の関係は，CSA（コミュニティ・サポーテッド・アグリカルチャー）から，今後，さらに進化して，農業を新しい協働の取組みに変えていく可能性を持つ。

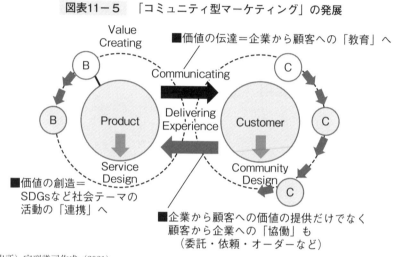

図表11－5　「コミュニティ型マーケティング」の発展

（出所）宮副謙司作成（2021）

4-4　青山という場での発展：企業連携や顧客コミュニティ連携の広がり

　青山という場所は，様々な企業と顧客コミュニティ交流のハブとなっているのではないだろうか。コミュニティの人々が集い，お互いの感度をリアルに確かめ合う重要な場にもなっていると思われる。そして青山から始まる共感の波がそのセグメントの中で地域を超えて全国各地にも海外にも波及していくと理解される。そこで青山は次なる新しい価値を創造する。

(1)　青山でプロフェショナル人材を活かす

　青山企業はプロフェショナル人材によるコミュニティが特性のひとつである。プロフェッショナル人材が日々，青山という場で勤務しているということからすれば，ひとたび彼らが接点を持ち，リアルに交流する機会を持てば，必ずや創発が生まれるに違いない。例えばスポーツとファッションと映像など，プロフェッショナル人材間の横のつながりから相乗的に生まれるのではないだろうか。実際に，「表参道スタートアップ・ハブ・プロジェクト」などの交流コミュニティが生まれている。「マッキャンエリクソン」「きらぼし銀行」などのロビーフロアでの交流イベント（フォーラム）の開催もこの事例としてあてはまる。青山学院大学大学院国際マネジメント研究科（青山ビジネススクール：ABS）の在校生・修了生のコミュニティもその観点から価値創造・創発の機会になるのだろう。

(2)　青山企業のライフスタイル領域連携による新しい価値創造

　青山には，生活寄りの企業も数多い。しかも，先進的なライフスタイルを提案する企業が揃っている。人が出会うと同様に，企業も出会い，あるライフスタイル領域について複数の企業がそれぞれの専門性を活かして参画し協働することでさらに新しい，しかもしっかりした質をもつ価値提供が期待される。実際に，アクタスとゴールドウインのコラボによるキャンプの空間の充実化プロジェクトが2021年にスタートしている。今後，青山企業同志のコラボ（BBの関係）が活発化し，コミュニティ型マーケティングが一層発展することに期待を込めたい。

●参考文献

Granovetter, M. S. (1973) "The Strength of Weak Ties," American Journal of Sociology, 78, pp.1360-1380.（マーク・S・グラノヴェター著，大岡栄美訳「弱い紐帯の強さ」野沢慎司編・監訳『リーディングスネットワーク論：家族・コミュニティ・社会関係資本』勁草書房，2006年，pp.159-204）

国領二郎（2013）『ソーシャルな資本主義—つながりの経営戦略』日本経済新聞出版

コトラー（2017）『マーケティング4.0』朝日新聞出版
中野勉編著（2021）『グラフィック経営組織論』新世社

あとがき

　2020年代，大きく変化する市場環境の中で，企業が時代に適合し，さらにその先の価値を創りだすための新しいマーケティングのフレームワークを見出せないか，ここ数年，ずっと模索してきたが，ここに明らかに示される「コミュニティ型マーケティング」という考え方にたどり着くことができた。これは，きっと，マーケティングの新地平を拓くような構想力を持ち，様々な業界・企業に適用され，多くの人々に広がっていくものだろうと期待する。

　本書は，青山学院大学大学院国際マネジメント研究科（青山ビジネススクール：ABS）の宮副研究室メンバー（宮副のマーケティング演習を履修したり，授業を通じて親交のあった社会人学生）が，2015年に上梓した「ケースに学ぶ青山企業のマーケティング戦略」（中央経済社）の研究・執筆方式を継承しながら，新しいメンバーで新しいフレームワークの議論や文献レビューを行い，「青山企業」の事例研究を経て，その適用を確かめ説明力を高めて，まとめあげたものである。

　研究・執筆メンバーは，ABSのMBA課程において学術的な研究方法・執筆方法を学び，その能力・スキルを身に着けた上で，ひとり１社ずつの事例研究に取り組んで本書を執筆したわけだが，大学学部生向けにはわかりやすい表現で，一般的なビジネスマン向けにはビジネスの本質を外すことなく分析し，実務への有効な示唆を与える内容に仕上がったと自負している。

　さらに，今回はABS修了生に加え，長年広告代理店勤務されてきた実務家でABSにて「ブランド戦略」の授業を担当されている松浦良高さんにも加わっていただき，合計10名で研究に取り組んだ。青山学院大学は学生駅伝でその活躍が注目されているが，今回の執筆者も10名で，まさに駅伝のように10名が共同で１つの研究本の執筆を成し遂げた次第である。

本書の研究・取材調査・執筆期間となった2020〜21年は，まったく予想もしない新型コロナ禍の時代であった。企業担当者へのインタビューについても，できれば面会で行いたいと時期を探りながらタイミングをみて出かけ，あるいは，オンラインでもインタビューを行ったケースも多かった。またメンバー間の研究進捗のシェアもオンラインで，共同であるいは個人で頻繁に行って，オンライン時代の新しい論文研究・共有化の手法も体得できた。その面でも自信を深めることができた。

　そして実感することは，このような研究活動も「コミュニティ活動」であり，本書を，このマーケティングの考え方を多くの方々に届ける活動も，まさにコミュニティ型マーケティング活動なのだということである。

　本書の研究対象の青山企業は，ファッション，インテリア，食，スポーツ，メディア，銀行など様々な業種・産業にわたる。消費者向けビジネスも多いが，企業・団体向けビジネスも含まれる。青山は，コミュニティの人々が集い，お互いの感度をリアルに確かめ合う重要な場にもなっている。ABSの学生も，様々な業界・分野でビジネスを実践する実務家たちである。まさに，青山で青山企業に関わり，また社会人学生相互に横のつながりからさらに新しい価値が相乗的に生まれることが実感できた。大変うれしくありがたいことである。そのような学びのコミュニティの場にABSが一層進化していくのだろうと期待を新たにしている。

謝辞

　この本は，多くの青山企業のご協力によってできあがっている。お礼を申し上げるべき方々が各章ごとに多くいらっしゃるため，お一人お一人のお名前をここに記すことは差し控えざるをえないが，このような研究機会を提供いただき，たびたびのインタビューやディスカッションにご協力いただいたことに，この場を借りて深く感謝を申し上げたい。

　また，前作「ケースに学ぶ青山企業のマーケティング戦略」に引き続き，青山企業の事例研究の出版企画をご快諾いただいた中央経済社の山本時男最高顧問，山本継会長，山本憲央社長，ならびに編集，上梓までご尽力いただいた中央経済社の酒井隆様に厚く感謝申し上げる。

2021年11月
編者として執筆者を代表して
青山学院大学大学院国際マネジメント研究科
（青山ビジネススクール：ABS）

宮副謙司

●執筆者紹介 （担当章順）

加藤　小百合（かとう　さゆり）　　　　　　　　……第1章
青山学院大学大学院国際マネジメント研究科MBA課程修了（MBA取得）
社会教育団体 勤務

小山　大輔（こやま　だいすけ）　　　　　　　　……第2章
青山学院大学大学院国際マネジメント研究科MBA課程修了（MBA取得）
放送局 勤務

水野　博之（みずの　ひろゆき）　　　　　　　　……第3章
青山学院大学大学院国際マネジメント研究科MBA課程修了（MBA取得）
外資系製薬会社 勤務

佐伯　悠（さえき　ゆう）　　　　　　　　　　　……第4章
青山学院大学大学院国際マネジメント研究科MBA課程修了（MBA取得）
人材教育企業 勤務

椿　竜太朗（つばき　りゅうたろう）　　　　　　……第5章
青山学院大学大学院国際マネジメント研究科MBA課程修了（MBA取得）
経営コンサルティングファーム 勤務

深堀　達也（ふかほり　たつや）　　　　　　　　……第6章
青山学院大学大学院国際マネジメント研究科MBA課程修了（MBA取得）
経営コンサルティングファーム 勤務

竹雄　大祐（たけお　だいすけ）　　　　　　　　……第7章
青山学院大学大学院国際マネジメント研究科MBA課程修了（MBA取得）
エンタテインメント企業勤務
東京女子大学 非常勤講師

水野　有己（みずの　ゆうき）　　　　　　　　　　　　……第8章
青山学院大学大学院国際マネジメント研究科MBA課程修了（MBA取得）
外資系化学メーカー　勤務

林　裕介（はやし　ゆうすけ）　　　　　　　　　　　　……第9章
青山学院大学大学院国際マネジメント研究科MBA課程修了（MBA取得）
経営コンサルティングファーム　勤務

松浦　良高（まつうら　よしたか）　　　　　　　　　　……第10章
ジョージ・ワシントン大学エリオットスクール国際関係学部東アジア研究専攻修士
課程修了（M.A.in East Asian Studies取得）
株式会社StrategyX 代表取締役
青山学院大学大学院国際マネジメント研究科非常勤講師

宮副　謙司（みやぞえ　けんし）　　　　　……**はじめに・序章・結章**
奥付「編著者紹介」参照

●編著者紹介

宮副 謙司（みやぞえ けんし）

青山学院大学大学院国際マネジメント研究科教授

九州大学法学部卒業，慶應義塾大学大学院経営管理研究科修士課程修了（MBA取得），東京大学大学院経済学研究科博士課程修了（経済学博士）。2009年4月より現職。「マーケティング」「ファッション・リテイリング」「地域活性化のマーケティング」「SDGsコミュニティ・マーケティング」などマーケティング科目を担当。主な著書に『コア・テキスト流通論』（2010年新世社），『地域活性化マーケティング』（2014年同友館），『米国ポートランドの地域活性化戦略』（2017年同友館），『企業経営と地域活性化』（2021年千倉書房）など。

青山企業に学ぶコミュニティ型マーケティング

2022年1月5日　第1版第1刷発行

編著者	宮	副	謙	司
発行者	山	本		継

発行所　㈱中央経済社

発売元　㈱中央経済グループ
　　　　パブリッシング

〒101-0051　東京都千代田区神田神保町1-31-2
電話　03 (3293) 3371(編集代表)
　　　03 (3293) 3381(営業代表)
https://www.chuokeizai.co.jp

印刷／三英印刷㈱
製本／㈲井上製本所

© 2022
Printed in Japan

ケースに学ぶ 青山企業のマーケティング戦略

宮副　謙司 [編著]

A 5 判・284頁
ISBN：978-4-502-15161-3

東京「青山」に本社・主要拠点を置く企業11社をとりあげ，他のエリアではみられない特徴的なマーケティング戦略，マネジメントを地元の青山ビジネススクール教授が考察。

◆本書の主な内容◆

第1章　青山フラワーマーケット
第2章　紀ノ国屋
第3章　Honda
第4章　日本オラクル
第5章　ワコール／スパイラル
第6章　ベネッセ／エリアベネッセ
第7章　エイベックス
第8章　ナチュラルハウス
第9章　ディーン＆デルーカ
第10章　キハチ
第11章　Sansan
結　章　青山企業のマーケティング戦略に学ぶ

中央経済社

本書とともにお薦めします

新版
経済学辞典

辻　正次・竹内　信仁・柳原　光芳〔編著〕　　四六判・544 頁

本辞典の特色

- 経済学を学ぶうえで，また，現実の経済事象を理解するうえで必要とされる基本用語約 1,600 語について，平易で簡明な解説を加えています。

- 用語に対する解説に加えて，その用語と他の用語との関連についても示しています。それにより，体系的に用語の理解を深めることができます。

- 巻末の索引・欧語索引だけでなく，巻頭にも体系目次を掲載しています。そのため，用語の検索を分野・トピックスからも行うことができます。

中央経済社

ベーシック＋プラス
Basic Plus

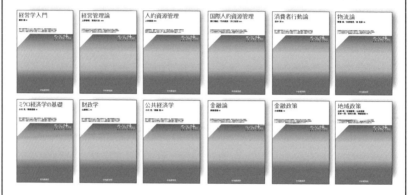

経営学入門	人的資源管理	経済学入門	金融論	法学入門
経営戦略論	組織行動論	ミクロ経済学	国際金融論	憲法
経営組織論	ファイナンス	マクロ経済学	労働経済学	民法
経営管理論	マーケティング	財政学	計量経済学	会社法
企業統治論	流通論	公共経済学	統計学	他

いま新しい時代を切り開く基礎力と応用力を
兼ね備えた人材が求められています。
このシリーズは，各学問分野の基本的な知識や
標準的な考え方を学ぶことにプラスして，
一人ひとりが主体的に思考し，行動できるような
「学び」をサポートしています。

Let's START!
学びにプラス！
成長にプラス！
ベーシック＋で
はじめよう！

中央経済社